新能源汽车检测与维修专业技能人才培养工学一体化课程教材

新能源汽车底盘检修

毛红孙　刘　宇 / 主　编
陈家宪　张庆梅　罗文丽 / 副主编
戴良鸿 / 主　审

人民交通出版社

北京

内 容 提 要

本书是新能源汽车检测与维修专业技能人才培养工学一体化课程教材之一。其主要内容包括新能源汽车传动异响故障检修、新能源汽车转向沉重故障检修、新能源汽车制动无力故障检修、新能源汽车行驶跑偏故障检修。

本书可作为技工院校预备技师、中高级工层级新能源汽车检测与维修专业教材，以及中高职新能源汽车技术专业教材，也可供新能源汽车维修人员及相关技术人员参考使用。

本教材配套数字资源，读者可免费扫码观看和在线学习；本教材同时配有教学课件，教师可通过加入汽车技工研讨群（QQ:428147406）获取。

图书在版编目(CIP)数据

新能源汽车底盘检修/毛红孙，刘宇主编.—北京：人民交通出版社股份有限公司，2025.5.—ISBN 978-7-114-20260-5

Ⅰ．U463.1

中国国家版本馆CIP数据核字第20252KJ135号

书　　名：	新能源汽车底盘检修
著 作 者：	毛红孙　刘　宇
责任编辑：	郭　跃
责任校对：	赵媛媛　魏佳宁
责任印制：	张　凯
出版发行：	人民交通出版社
地　　址：	(100011)北京市朝阳区安定门外外馆斜街3号
网　　址：	http://www.ccpcl.com.cn
销售电话：	(010)85285911
总 经 销：	人民交通出版社发行部
经　　销：	各地新华书店
印　　刷：	北京市密东印刷有限公司
开　　本：	787×1092　1/16
印　　张：	13.25
字　　数：	272千
版　　次：	2025年5月　第1版
印　　次：	2025年5月　第1次印刷
书　　号：	ISBN 978-7-114-20260-5
定　　价：	40.00元

(有印刷、装订质量问题的图书，由本社负责调换)

编审委员会名单

主 任 委 员 文爱民
副主任委员 戴良鸿　沐俊杰　魏垂浩
委　　　员 （按照姓氏笔画排序）

广禹春	王玉彪	王　杰	王　瑜	王　雷
毛红孙	朱建勇	刘　卯	刘　宇	刘轩帆
刘　健	刘爱志	刘海峰	汤　彬	许云珍
杨雪茹	李长灏	李永富	李学友	李　轶
肖应刚	吴　飞	张　薇	陈志强	陈李军
陈金伟	陈新权	孟　磊	郝庆民	姚秀驰
夏宝山	晏和坤	高窦平	郭志勇	郭　锐
郭碧宝	唐启贵	黄　华	黄辉镀	彭红梅
彭钰超	解国林	樊永强	樊海林	

前言
Preface

　　为进一步贯彻落实《关于深化技工院校改革 大力发展技工教育的意见》和《技工教育"十四五"规划》《推进技工院校工学一体化技能人才培养模式实施方案》等文件精神，对接汽车产业发展新趋势，满足新能源汽车领域高质量发展对高素质技术技能人才的需求，人民交通出版社特组织江苏汽车技师学院、广西交通技师学院、贵州交通技师学院、杭州技师学院、浙江交通技师学院、江苏省交通技师学院、广西工业技师学院、北京汽车技师学院、日照技师学院等20余所院校，共同编写了新能源汽车检测与维修专业技能人才培养工学一体化课程教材。

　　工学一体化培养模式是依据国家职业技能标准及技能人才培养标准，以综合职业能力培养为目标，将工作过程和学习过程融为一体，培育德技并修、技艺精湛的技能劳动者和能工巧匠的人才培养方式。本套教材秉承上述理念，落实《技工院校教材管理工作实施细则》，遵循知识和技能并重的改革方向，根据技工教育的特点以及技工院校学生的学习情况进行编写。

　　党的二十大报告指出："推动经济社会发展绿色化、低碳化是实现高质量发展的关键环节。"作为我国"十四五"规划中战略性新兴产业，新能源汽车产业既是符合绿色发展理念，有助于经济社会绿色发展转型，更是汽车产业高质量发展的必然选择。数据显示，在新能源汽车产业政策驱动下，2023年中国新能源汽车产销分别完成958.7万辆和949.5万辆，同比分别增长35.8%和37.9%。我国已成为全球新能源汽车最重要的市场。新能源汽车仍处于快速增长期，社会对掌握新能源汽车技术的技能型人才需求将不断增加。当前，新能源汽车专业高素质技能型人才是名副其实的"紧缺人才"，不少开设汽车类专业的职业院校新增了新能源汽车运用与维修专业，但适合教学的专业教材较为匮乏。

　　本教材将企业岗位任务化，工作任务课程化，注重以工作岗位为导向，以培养能力为本位，符合新能源汽车技术专业教学改革要求，适应新能源汽车行业对技能型紧缺人才的需求。本教材具有以下特点：

（1）坚持德技并修。教材体现二十大精神要求的德技并修的职业教育特色，通过"新能源汽车底盘检修"课程的教学改革与调查研究，分析学情、教学理念适用性、教学改革途径，确定以成果导向教学理念编写书本。

（2）坚持标准引领。教材以《新能源汽车检测与维修专业国家技能人才培养工学一体化课程标准》为基本遵循，注重把工学一体化课程标准的内容与要求贯穿于教材编写全过程，并结合汽车维修工工作实际对教材内容予以扩展。

（3）注重职业能力。教材以能力培养为主线，突出以学生为中心，把教学内容与工作岗位以及相关的职业资格认证结合起来。突出职业特色，体现能力水平，具有较强的针对性和可操作性。

本教材由广西交通技师学院毛红孙、成都市机械高级技工学校刘宇任主编，广西交通技师学院陈家宪、张庆梅和贵阳职业技术学院罗文丽任副主编，参加编写的还有成都市机械高级技工学校董国荣、吴林、张才华、张娜、李厚伟，广西制造工程职业技术学院黄明祖，贵阳职业技术学院江爱民、罗龙，广西交通技师学院黄静、罗宗港、梁国伟，山东交通技师学院刘静、丁晓峰。在本书编写过程中，参阅了大量文献，未能一一说明，在此对著作者致以衷心感谢！

虽然编者在编写过程中查阅了大量的书籍、文献和资料，但新能源汽车发展速度很快，以及编者水平有限，书中难免有疏漏之处。真诚地欢迎读者提出宝贵的意见和建议，帮助我们不断改进和完善这本书。再次感谢您的阅读和支持。

编　者

2024 年 11 月

目录 Contents

学习任务一　新能源汽车传动异响故障检修　1
　学习活动 1　驱动电机检查与更换　2
　学习活动 2　无级变速器的检修　15
　学习活动 3　传动轴的检查与更换　23
　学习活动 4　主减速器的检查与更换　35
　学习活动 5　差速器的检查与更换　46
　习题　53

学习任务二　新能源汽车转向沉重故障检修　60
　学习活动 1　转向器的检查与更换　60
　学习活动 2　助力电动机及控制线路的检查与更换　66
　学习活动 3　转向传动系统部件的检查与更换　72
　习题　76

学习任务三　新能源汽车制动无力故障检修　80
　学习活动 1　制动踏板自由行程的检查与调整　81
　学习活动 2　传感器的检查与更换　87
　学习活动 3　ABS 泵及阀体的检查与更换　94
　学习活动 4　制动液的检查与更换　101
　学习活动 5　制动管路的检查与更换　108
　学习活动 6　制动盘的检查与更换　113
　学习活动 7　制动摩擦片的检查与更换　121
　学习活动 8　制动主缸的检查与更换　127
　学习活动 9　真空助力装置的检查与更换　133
　习题　142

学习任务四　新能源汽车行驶跑偏故障检修 148
　学习活动 1　轮胎的检查与更换 149
　学习活动 2　四轮定位的检查与调整 161
　学习活动 3　悬架的检查与更换 173
　学习活动 4　车桥的检查与更换 187
　习题 198
本教材配套数字资源列表 203
参考文献 204

学习任务一
新能源汽车传动异响故障检修

学习目标

1. 知识目标

（1）能说出驱动电机、无级变速器、传动轴、主减速器、差速器的类型、构造及工作原理。

（2）能说出驱动电机、无级变速器、传动轴、主减速器、差速器的异响故障现象。

（3）能说出驱动电机、无级变速器、传动轴、主减速器、差速器的检修流程。

2. 技能目标

（1）能按照驱动电机的工作原理及检修流程完成驱动电机检查与维修任务。

（2）能按照无级变速器的工作原理及检修流程完成无级变速器检查与维修任务。

（3）能按照传动轴的工作原理及检修流程完成传动轴检查与维修任务。

（4）能按照主减速器的工作原理及检修流程完成主减速器检查与维修任务。

（5）能按照差速器的工作原理及检修流程完成差速器检查与维修任务。

3. 素养目标

（1）在学习过程中能自我约束、服从管理、尊重他人，听从教师指导，与他人进行有效沟通和合作，创建团结互助、积极向上的工作氛围，养成忠于职守、乐学善学的事业精神和勤勤恳恳、一丝不苟的奉献精神。

（2）通过学习本任务，培养绿色发展、安全发展意识，树立节能减排、低碳环保，共同营造人类生存美好家园的理念。

参考学时

40学时。

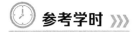

任务描述

一辆新能源汽车进厂维修，客户反映汽车在行驶过程中，汽车底部出现连续规律性异响，且行车速度越高异响越明显。经班组长初步检查，诊断为传动系统故障，需要对其进行检修。

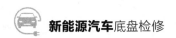

学习活动1 驱动电机检查与更换

一、明确任务

根据任务描述,一辆新能源汽车进厂维修,客户反映汽车整车可上电,但无法运行,经确认故障现象后,需要对该车的驱动电机部件进行检查与更换,使其恢复正常使用性能。

二、工作准备与计划制订

(一)知识准备

1. 什么是电机

电机就是将电能与机械能相互转换的一种电力原件。当电能转化为机械能时,电机表现出电动机的工作特性;当机械能转化为电能时,电机表现出发电机的工作特性。结合到新能源汽车上,新能源汽车在放电状态下驱动车辆前进或者后退时,表现出的就是电动机特性;在车辆松开加速踏板或者踩下制动踏板时,表现出的就是发电机特性。

2. 驱动电机的分类

现阶段的新能源汽车常用的驱动电机包括两种:永磁同步电机及交流异步电机,且大多数新能源汽车采用的是永磁同步电机,只有少部分车辆采用了交流异步电机。

1)交流电机

交流电机主要有两大部件:定子和转子。如图1-1所示。定子是最外面的圆筒,圆筒内侧缠绕有很多绕组,这些绕组与外部交流电源接通,整个圆筒则与机座连接在一起,固定不动,因此称为"定子"。在定子内部,要么是缠绕有很多绕组的圆柱体,要么是笼型结构的圆柱体,它们与电机的动力输出轴连接在一起并同速旋转,因此称为"转子"。转子与定子之间没有任何连接和接触,但是当定子上的绕组接通交流电源时,转子就会立刻旋转并输出动力。

2)永磁同步电机

在异步电机中,转子磁场的形成要分两步:第一步是定子旋转磁场先使转子绕组产生感应电流,第二步是感应电流再产生转子磁场。在楞次定律的作用下,转子跟随定子旋转磁场转动,但又"永远追不上",因此才称其为异步电机。如果转子绕组中的电流不是由定子旋转磁场感应的,而是自己产生的,则转子磁场与定子旋转磁场无关,而且其磁极方向是固定的,那么根据同性相斥、异性相吸的原理,定子的旋转磁场就会推拉转子旋转,使转子磁场和转子本身,一起与定子旋转磁场"同步"旋转,这就是同步电机的工作原理。永磁同步电机工作原理如图1-2所示。

图1-1　交流电机构造图

图1-2　永磁同步电机工作原理图

永磁同步电机如图1-3所示,具有较高的功率质量比,体积更小,质量更轻,输出转矩更大,电机的极限转速和制动性能也比较优异,因此永磁同步电机已成为现今电动汽车应用最多的电机。但永磁材料在受到振动、高温和过载电流作用时,其导磁性能可能会下降,或发生退磁现象,有可能降低永磁电机的性能。另外,稀土式永磁同步电机要用到稀土材料,制造成本不太稳定。

3. 驱动电机的作用

驱动电机、电控系统、动力蓄电池是电动汽车的核心部分,称为"三电"系统。在电动汽车上,驱动电机替代了传统燃油汽车上的发动机和发电机,传统燃油汽车通常是把化学能转换为机械能驱动车辆行驶,而驱动电机既可以将电能转换为机械能驱动汽车行驶,也可以作为发电机将机械能转换为电能,并存储在动力蓄电池内。电机控制器将动力蓄电池的高压直流电变换为驱动电机的高压三相交流电,使驱动电机产生力矩,并通过传动装置将驱动电机的旋转运动传递给车轮,驱动汽车行驶。三电能量转换如图1-4所示。

图1-3 永磁同步电机结构示意图

4. 驱动电机的工作原理

动力蓄电池的直流电经过高压配电箱,通过电机控制器中的 DC/AC 变换器将直流电逆变成交流电,提供给永磁同步电机,永磁同步电机进而驱动汽车行驶。当车辆滑行或制动时,电机控制器控制驱动电机使其处于发电状态,驱动电机利用车辆动能发电,通过电机控制器中的 AC/DC 变换器将三相交流电整流成直流电,回收能量存入动力蓄电池。为避免驱动电机在工作过程中温度过高,电机冷却循环水管中的冷却液可将多余的热量带走,使其保持在正常的工作温度范围内。

5. 驱动电机的基本要求

(1)电机结构紧凑、尺寸小,封装尺寸有限,必须根据具体产品进行特殊设计。

(2)重量轻,以减轻车辆的整体重量。应尽量采用铝合金外壳,同时转速要高,以减轻整车的重量,增加电机与车体的适配性,扩大车体可利用空间,从而提高乘坐的舒适性。

(3) 可靠性高、失效模式可控,以保证乘车者的安全,提供精确的力矩控制,动态性能较好。

(4) 效率高,功率密度较高。要保证在较宽的转速和转矩范围内都有很高的效率,以降低功率损耗,提高一次充电后的续驶里程。

(5) 成本低,以降低车辆生产的整体费用。

(6) 调速范围宽。应包括恒转矩区和恒功率区,低速运行输出的恒定转矩大,以满足汽车快速起动、加速、负荷爬坡等要求;高速运行输出恒定功率,有较大的调速范围,以满足平坦路面、超车等高速行驶的要求。

(7) 瞬时功率大,过载能力强。要保证汽车具有4~5倍的过载能力,以满足短时内加速行驶与最大爬坡的要求。

(8) 环境适应性好。要适应汽车本身行驶的不同区域环境,即使在较恶劣的环境中也能够正常工作,具有良好的耐高温、耐潮湿性能。

图1-4　三电能量转换图

(二) 制订工作方案

1. 任务分工(表1-1)

学生任务分配表　　　　　　　　表1-1

班级		组号		指导老师	
组长		任务分工			
组员1		任务分工			
组员2		任务分工			

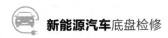

续上表

班级		组号		指导老师	
组员3		任务分工			
组员4		任务分工			
组员5		任务分工			
组员6		任务分工			

2. 工量具、仪器设备与耗材准备

(1)使用的工量具有：_____。

(2)使用的仪器设备有：_____。

(3)使用的耗材有：_____。

3. 具体方案描述

_____

_____

_____

_____

三、计划实施

课堂思政

安全是新能源汽车产业发展的"命门"，作为新能源汽车专业的技术技能人才，要强化安全操作、安全生产、安全发展理念，严格按标准、规范要求开展检测与维修工作，提升新能源汽车专项维护水平，为坚决遏制新能源汽车安全事故的发生把好关。

(一)安全注意事项及技能要点

1. 安全注意事项

(1)准备好零件箱以及零件架，用来放置拆卸、分解的零部件，放置时必须有次序，必要时做上标记，避免发生混乱、放错。

(2)检修铝合金部件时要十分小心，避免加工表面的损伤。

(3)准备好充足的辅助材料，以便在检修时随时取用。

(4)对有标准拧紧力矩要求的螺栓和其他紧固零件，按照要求数值使用专用工具拧紧。

(5)进行检修后，一次性用品应当报废，换上新品。

(6)使用正确的拆卸工具进行拆卸与装配。

(7)工作时尽可能参照本检修手册的内容。

2.技能要点

(1)能对驱动电机全面检查并进行完全拆解。

(2)能够对拆解的零部件清洗、检查、维修或更换。

(3)懂得查阅资料,对驱动电机组件零件的检测。

比亚迪 e5 驱动电机 分解与组装 01　　比亚迪 e5 驱动电机 分解与组装 02

(二)驱动电机的检查与更换

驱动电机的检查与更换见表 1-2。

驱动电机的检查与更换操作方法及说明　　表 1-2

步骤	操作方法及说明	质量标准及注意事项
1.外观检查及进行下电处理,对相关外覆件进行拆卸	(1)打开前机舱盖。 (2)断开蓄电池负极电缆。 (3)断开车载充电器处直流母线。 (4)操作空调制冷剂的回收程序。 (5)拆卸左、右前轮轮胎。 (6)拆卸舱底部护板总成	□做好作业前的个人防护和工具准备 □彻底下电后再进行相关覆件的拆卸工作
2.拆卸车载充电器	(1)断开车载充电机与加热器高压线束连接器 1。 (2)断开车载充电机与驱动电机控制器高压线束连接器 2。 (3)断开车载充电机线束与交流充电插座总成连接器 3。 (4)断开车载充电机与驱动电机总成连接水管 4。 (5)断开车载充电机与驱动电机控制器连接水管 5。 (6)断开车载充电机与低压链接器 6。	□因为电动汽车含有动力蓄电池总成,如果高电压组件和车辆的处理方式不正确,存在触电、漏电或类似的事故的风险。在执行检查和维护时一定要遵循正确的工作程序

续上表

步骤	操作方法及说明	质量标准及注意事项
2.拆卸车载充电器	(7)拆卸分线盒电机控制器高压线束连接器4个固定螺栓。 (8)拆卸车载充电机搭铁线并取出车载充电机	
3.拆卸电机控制器	(1)拆卸驱动电机三相线束连接器(电机控制器侧)3个固定螺栓1。 (2)拆卸驱动电机三相线束端子(电机控制器侧)3个固定螺栓2,脱开三相线束。 (3)拆卸电机控制器高压线线束连接器(电机控制器侧)2个固定螺栓3。 (4)拆卸电机控制器高压线线束端子(电机控制器侧)2个固定螺栓4,脱开线束。	□水管脱开前请在车辆底部放置容器,接住防冻液,以免污染地面

续上表

步骤	操作方法及说明	质量标准及注意事项
3.拆卸电机控制器	（5）取下电机控制器搭铁防尘盖。 （6）断开电机控制器线束插头。 （7）拆卸电机控制器2根搭铁线束固定螺母，脱开搭铁线束。 （8）脱开电机控制器进水管。 （9）脱开电机控制器出水管。 （10）拆卸电机控制器4个固定螺栓，取下电机控制器总成	

续上表

步骤	操作方法及说明	质量标准及注意事项
4.拆卸空调相关组件	(1)断开电动压缩机低压线束连接器。 (2)断开电动压缩机高压线束连接器。 (3)拆卸制冷空调管(压缩机侧)固定螺栓,脱开空调管。 (4)拆卸电动压缩机侧3个固定螺栓,取下电动压缩机	□拆装蒸发器侧管路接头时使用两把扳手,其中一把要固定蒸发器侧管,防止损坏管路
5.拆卸电动真空泵	(1)断开电动真空泵线束连接器1。 (2)断开真空管2。 (3)拆卸电动真空泵2个固定螺栓3,取下电动真空泵	

续上表

步骤	操作方法及说明	质量标准及注意事项
6. 拆卸电动水泵	(1)断开电动水泵线束连接器1。 (2)拆卸环箍,脱开散热器出水管(电动水泵侧)。 (3)拆卸环箍,脱开电机控制器总成进水管(电动水泵侧)	
7. 拆卸驱动电机	(1)断开TCU控制器插头1。 (2)断开减速器电机插头2。 (3)拆卸线束卡扣3	□装配前,"O"形圈或油封在没有润滑时可能会损坏 □装配前,需润滑油封唇口和与之配合的零件
8. 安装中间轴总成组件	(1)断开驱动电机线束插头1。 (2)拆卸线束卡扣2。	□水管脱开前请在车辆底部放置容器,接住防冻液,以免污染地面 □拆卸或安装水管环箍时都应使用专用的环箍钳

续上表

步骤	操作方法及说明	质量标准及注意事项
8.安装中间轴总成组件	(3)拆卸线束搭铁线。 (4)拆卸驱动电机进、出水管环箍,脱开驱动电机冷却水管。 (5)拆卸后悬置并放置举升平台车。 (6)拆卸动力总成2个固定螺母。	

续上表

步骤	操作方法及说明	质量标准及注意事项
8.安装中间轴总成组件	(7)缓慢下降举升平台车,拆卸驱动电机隔声罩。 (8)拆卸驱动电机及减速器总成之间的连接螺栓,将驱动电机和减速器分离	
9.换上新件进行安装	安装方式方法,以按反序安装,插接时注意"一插、二响、三确认"	□电机控制器端盖合盖时采取对角法则拧紧
10.整理工具和场地	整理工具,清洁规范整理工具设备(7S)	□按7S要求进行整理

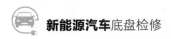

四、评价反馈

评价反馈填写评价表(表1-3)。

评价表　　　　　　　　　　　　　　　　　　　　　　　　表1-3

评分项目	评分标准	分值(分)	得分
学习目标	能明确本任务的知识、技能、素养目标,理解任务在工作中的重要程度	3	
工作任务分析	能清晰描述本次工作任务内容	3	
	能清晰描述完成本次工作任务需具备的技能与知识点	3	
有效信息获取	能说出常用驱动电机的分类	3	
	能说出驱动电机的基本构造	4	
	能阐述驱动电机工作原理	5	
实施方案制订	能清晰地制订并填写本次驱动电机检修的准备作业计划	5	
	能组织或协同工作小组成员,明确本次任务所需仪器设备、工具、材料的准备与清点,并做好记录	5	
	能组织或协同工作小组成员交流,优化检查方案并记录	5	
任务实施	能写出驱动电机维修注意事项	5	
	能写出驱动电机检修所需的技能要点	5	
	能团队协作,按分工实施检修任务	5	
	能妥善应对检修过程出现的应急问题	5	
	能检查出驱动电机的问题和解决方式	5	
	能协作完成驱动电机拆解安装检修任务	5	
	能对更换后的驱动电机运行情况进行检测	5	
	能将检修后的新能源汽车移交接待人员	5	
任务评价	能够客观评价小组及其他小组的任务实施情况,正确理解各评价要素的意思,按过程性评价和结果性评价完成任务评价	3	
	能通过本次任务实施,结合自己在实训过程中的表现,进行自我评价及自我反思并记录	5	
职业素养	按规定时间完成项目作业	2	
	遵守实训室管理规定、劳动纪律	2	
	积极参与课堂活动、回答问题	2	
	能够按时出勤	2	
	遵守7S管理	3	

续上表

评分项目	评分标准	分值(分)	得分
思政要求	有安全意识,能够遵守成本管理要求,具备精益求精职业操守	5	
总计		100	

改进建议：

教师签字：
日期：

学习活动 2 无级变速器的检修

一 明确任务

根据任务描述,一辆混合动力电动汽车进厂维修,客户反映汽车变速器运行异响,通过听诊器检查到变速器内部明显听到声源,经确认故障现象后,需要对该车部件进行检修,使其恢复正常使用性能。

二 工作准备与计划制订

（一）知识准备

1. 无级自动变速器（CVT）的结构组成

无级自动变速器（CVT）采用的是带传动,通过改变主、从动带轮的工作半径来实现传动比的变化,因此 CVT 的结构主要包括主动轮组、从动轮组、金属钢带和液压泵等基本部件,如图 1-5 所示。

CVT 的主动轮和从动轮采用的都是由两个锥面盘体组成的可变半径轮,它们的锥面形成 V 形槽与 V 形金属传动带相啮合。发动机输出的动力先传递到主动轮,然后通过 V 形带传给从动轮,最后经主减速器、差速器传递给驱动轮。

主动轮和从动轮的两个锥面盘体都是

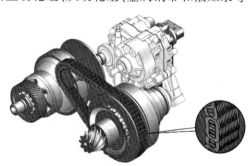

图 1-5 无级自动变速器（CVT）的结构组成

一个固定,另一个可轴向移动的,可动盘的轴向移动是由变速器的控制ECU根据相关信号,调节液压泵油缸的压力来实现的。主动轮和从动轮的工作半径可以实现连续调节,从而实现无级变速。

2. 无级自动变速器(CVT)的工作原理

CVT的控制ECU根据车速、节气门位置、发动机转速等信息,计算出最佳的变速器传动比,然后通过控制系统调节主动轮、从动轮液压泵的油缸压力来实现可动盘的轴向移动,从而实现传动比的变化,无级变速器通常还装有一套行星齿轮传动机构来实现前进挡和倒挡的转换,其作用原理与液力变矩器式自动变速器相同。无级自动变速器的工作原理如图1-6所示。

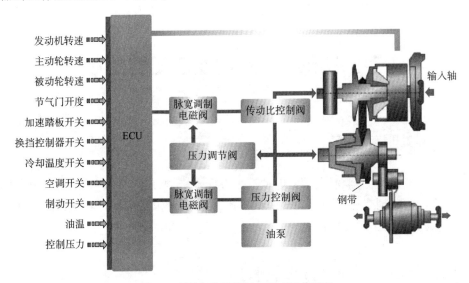

图1-6 无级自动变速器(CVT)的工作原理

3. 无级自动变速器(CVT)的优点和缺点

(1)无级变速器的优点。

①换挡时没有"顿挫"的感觉,乘坐舒适性好。

②传动效率高,提高车辆的燃油经济性。

③改善驾驶者的操纵方便性。

④重量轻、体积小、零件少。

(2)无级变速器的缺点。

①生产成本高。

②钢带承受力量有限。

③对钢带材料要求高,制造难度大。

4. 无级自动变速器典型代表车型分析

以本田飞度汽车典型的无级自动变速器结构特点及变速器油的检查为例,其结构及检查具体如下。

(1)结构特点。

①采用电液控制。

②其结构主要由三角钢带、主动带轮、从动带轮及单排行星轮机构组成。

③通过控制可移动带轮后的液压缸内油压来改变带轮的工作半径,从而改变自动变速器的传动比。

④增设了中间齿轮传动(由中间轴主动齿轮和中间轴从动齿轮组成),用于增大自动变速器传动比的变化幅度。

⑤输出轴上装有起步离合器和 P 位齿轮。

⑥前进挡和倒挡的变换由倒挡制动器和行星轮机构完成。

⑦发动机飞轮通过扭转减振盘与自动变速器的输入轴连接。

⑧各轴上都有油道。油泵由输入轴驱动,提供换挡控制油压和压力润滑。

(2)变速器油(ATF)的检查。

①检查周期。一般需要车辆行驶 1~2 年左右检查一次,这个可以视各自情况而定。

②检查前准备。检查自动变速器油前必须热车:先让车行驶一段时间(10~15min),飞度汽车低温灯熄灭。

③热车后,怠速踩住制动踏板,把挡位都进退一遍,从 P 挡开始,换一遍回到 P 挡,注意在每个挡位上停留 2~3s。

④检查。将发动机熄火,打开发动机舱盖,找到自动变速器油尺,在发动机右下侧(不在发动机上,靠近车头处的红色塑料柄,若找不到应查看用户手册),拔下,拉出。

⑤油尺长 30~40cm,末端有弯曲并刻有 HOT,拔出后用干净的软布擦干,放回再拔出就可以看到油标了。

⑥观察油尺,记录下油标的位置和油的颜色。

⑦判断油的量和状态是否正常,是否需要添加或更换。

注意:按厂家要求使用规定型号品种的变速器油及合适的加油量。

(二)制订工作方案

1. 任务分工(表1-4)

学生任务分配表 　　　　　　　表1-4

班级		组号		指导老师	
组长		任务分工			
组员1		任务分工			
组员2		任务分工			
组员3		任务分工			
组员4		任务分工			
组员5		任务分工			
组员6		任务分工			

2. 工量具、仪器设备与耗材准备

(1)使用的工量具有：_____。

(2)使用的仪器设备有：_____。

(3)使用的耗材有：_____。

3. 具体方案描述

_____

_____

_____

_____

三 计划实施

课堂思政

2024年4月29日，以"新时代、新汽车"为主题的北京车展开幕，展出全球首发车117台、新能源车型278个，以及来自13个国家和地区约500家零部件企业及科技公司的创新成果，吸引了众多车迷的目光。智能网联新能源汽车作为集机械、电子、计算、感知、视听、储能等多项技术为一体的"大号终端"，成为汽车产业转型升级的主要方向。

新能源汽车已经成为我国经济社会发展的新动能之一。随着全球新一轮科技革命和产业变革蓬勃发展，新能源汽车发展既有新挑战，也迎来新的发展机遇。正如变速器技术的迭代更新，不断创新发展一样。作为新能源汽车产业未来的主力军，我们要抢抓机遇，推动新能源汽车关键核心技术的不断创新发展，助力我国新能源汽车产业发展再上新台阶。

(一)检修原则

(1)准备好零件箱以及零件架，用来放置拆卸、分解的零部件，放置时必须有次序，必要时做上标记，避免发生混乱、放错。

(2)检修铝合金部件时要十分小心，避免损伤加工表面。

(3)准备好充足的辅助材料，以便在检修时随时取用。

(4)对有标准拧紧力矩要求的螺栓和其他紧固零件，按照要求数值使用专用工具拧紧。

(5)进行检修后，一次性用品应当报废，换上新品。

(6)使用正确的拆卸工具进行拆卸与装配。

(7)工作时尽可能参照本检修手册的内容。

(二)检修材料

表 1-5 所列出的材料,在维修本型号变速器时是必不可少的。因此,应当随时准备,以备使用。此外,洗涤液和润滑油也应尽量使用规定的型号。

检修材料　　　　　　　　　　　表 1-5

序号	材料及型号	使用位置
1	润滑脂	差速器油封
		球轴承
		主轴油封
		锥轴承外圈
		换挡杆衬套
2	变速器总成	差速器油封
		变速器总成
		主轴滚针轴承
		副轴滚针轴承
		球轴承
3	防锈油	主轴花键
4	螺纹紧固胶	放油螺塞
5	合箱密封胶	变速器前后箱体接合面

(三)注意事项

(1)当变速器打开时,不得有污物进入变速器。

(2)将拆下的部件放在干净的垫板上并盖住以免弄脏。使用薄膜和纸张,不要使用纤维质的抹布。

(3)只安装干净的零件,只在安装前才从包装中取出原厂件。

(4)如果维修工作不能立即进行,请仔细地将打开的零件遮盖或密封起来,不得向油里掺入任何添加剂。

(5)排出的油液不允许直接重新添加(在保证油质正常的情况下过滤掉杂质)。爱护环境,使用油液时要谨慎,对排出的油液进行合理的废弃处理。

(四)实施任务

本田飞度汽车无级变速器的拆检操作方法与说明见表 1-6。

本田飞度汽车无级变速器的拆检　　　　　表1-6

步骤	操作方法及说明	质量标准及注意事项
1.外观检查及各种附件拆除	(1)拆开外壳上的各种附件。 (2)拆开油底壳、油路板。 (3)拆除变速器的飞轮壳体及内部零件	□做好作业前的个人防护和工具准备 □拆下放油螺栓,排放变速器油 □用尖部缠有保护层的一字螺丝刀将总成前盖拆除
2.进行起步离合器的齿轮分离	用专用拉拔器拉出起步离合器和齿轮 07TAE-P4VR120 起步离合器 驻车挡齿轮 棘爪 a) 07TAE-P4VR120 起步离合器 中间轴主动/驻车挡齿轮 b)	□拆解过程中一定要正确使用专用拉拔器
3.拆除后盖和内部手动阀	拆除后盖和内部手动阀 螺栓 端盖 定位销 垫圈 定位销 ATF管 ATF管 锁止弹簧 手动阀 定位销 定位销 隔板	□正确拆卸螺栓(交错拧开),按一定的顺序和次数卸力出,检查螺纹是否破坏或有其他损伤 □拆解过程中可用橡胶锤轻轻敲松,保护好上下箱体接触面的密封性

续上表

步骤	操作方法及说明	质量标准及注意事项
4. 拆除输入轴、前进离合器、倒挡制动器、行星齿轮组、油管等	拆除输入轴、前进离合器、倒挡制动器、行星齿轮组、油管等 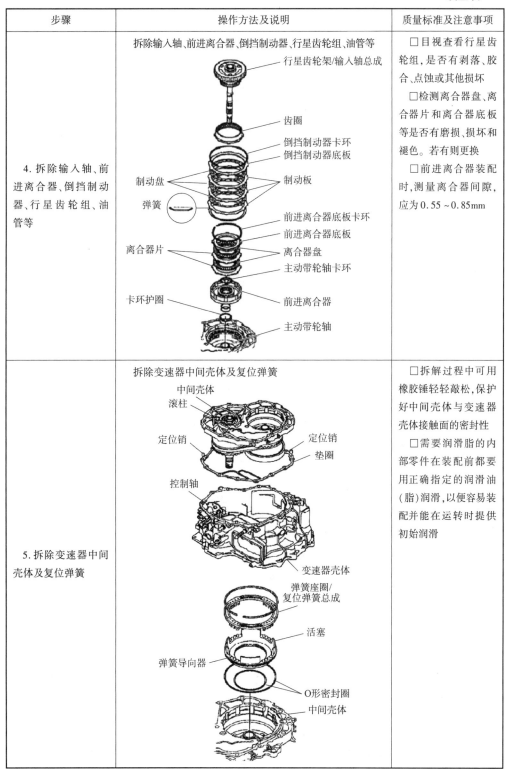	□目视查看行星齿轮组，是否有剥落、胶合、点蚀或其他损坏 □检测离合器盘、离合器片和离合器底板等是否有磨损、损坏和褪色。若有则更换 □前进离合器装配时，测量离合器间隙，应为 0.55~0.85mm
5. 拆除变速器中间壳体及复位弹簧	拆除变速器中间壳体及复位弹簧	□拆解过程中可用橡胶锤轻轻敲松，保护好中间壳体与变速器壳体接触面的密封性 □需要润滑脂的内部零件在装配前都要用正确指定的润滑油（脂）润滑，以便容易装配并能在运转时提供初始润滑

续上表

步骤	操作方法及说明	质量标准及注意事项
6.检查各零部件是否损坏及复位安装	(1)拆除ATF滤清器和主阀体。 (2)检查是否有零件损坏,更换损坏的零件。 (3)若中间壳体总成(连同带轮和钢带)有损坏,一般应作为一个总成来更换。 (4)安装步骤与拆解步骤相反	
7.整理工具和场地	整理工具,清洁规范整理工具设备(7S)	□ 按7S要求进行整理

四 评价反馈

评价反馈填写评价表(表1-7)。

评价表   表1-7

评分项目	评分标准	分值(分)	得分
学习目标	能明确本任务的知识、技能、素养目标,理解任务在工作中的重要程度	3	
工作任务分析	能清晰描述本次工作任务内容	3	
	能清晰描述完成本次工作任务需具备的技能与知识点	3	
有效信息获取	能说出变速器的定义	3	
	能说出变速器的分类	3	
	能阐述变速器的组成	3	
	能阐述变速器的工作原理	3	
实施方案制订	能清晰地制订并填写本次变速器检修的准备作业计划	5	
	能组织或协同工作小组成员,明确本次任务所需仪器设备、工具、材料的准备与清点,并做好记录	5	
	能组织或协同工作小组成员交流,优化检查方案并记录	5	
任务实施	能写出变速器检修安全注意事项	5	
	能写出变速器检修所需的技能要点	5	
	能团队协作,按分工实施检修任务	5	
	能妥善应对检修过程出现的应急问题	5	
	能检查出变速器故障问题	5	
	能协作完成变速器更换任务	5	
	能对更换后的变速器运行情况进行检测	5	
	能将检修后的新能源汽车移交接待人员	5	

续上表

评分项目	评分标准	分值(分)	得分
任务评价	能够客观评价小组及其他小组的任务实施情况,正确理解各评价要素的意思,按过程性评价和结果性评价完成任务评价	3	
	能通过本次任务实施,结合自己在实训过程中的表现,进行自我评价及自我反思并记录	5	
职业素养	按规定时间完成项目作业	2	
	遵守实训室管理规定、劳动纪律	2	
	积极参与课堂活动、回答问题	2	
	能够按时出勤	2	
	遵守7S管理	3	
思政要求	有安全意识,能够遵守成本管理要求,具备精益求精职业操守	5	
总计		100	
改进建议:			

教师签字:

日期:

学习活动 3　传动轴的检查与更换

一辆纯电动汽车在拐弯掉头时,转向盘转动到底以后,此时轻踩加速踏板,右前方会有连续的咯咯声,向左或向右转向都会有响声,检查过程中发现右前轮轴承有旷量,于是建议客户先将有故障的零件更换后再检查异响,客户同意。在更换了右前轮轴承后试车,异响依然存在。由于异响部位出在右前方,又是大角度转弯时响,怀疑是右前半轴发现故障,经班组长检查,诊断为传动轴故障,需要对其进行检修。

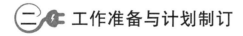

(一)知识准备

1. 传动轴、万向节的位置

主传动轴、万向节一般指的是在前置后驱的汽车上,变速器输出至驱动桥的传动连接装置。但是在新能源汽车上,一般传动轴连接变速器(主减速器),将动力传输给车轮,使汽车运动,如图1-7所示。

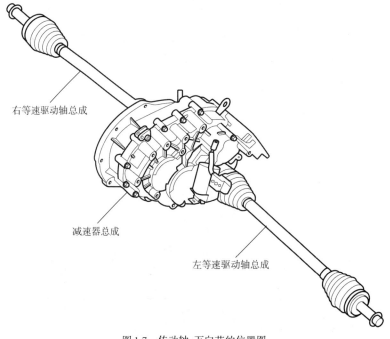

图1-7 传动轴、万向节的位置图

2. 传动轴、万向节的作用

传动轴和万向节组成了万向传动装置的主体部分。

(1)传动轴:是万向传动装置中的主要传力部件,其作用是连接变速器与驱动桥,并能适应在车辆行驶过程中两者之间发生的位置变化。

(2)万向节:用于连接不在一条直线上的两轴,并保证动力在它们之间可靠地传递,还可以适应两轴间夹角变化的需要。

3. 传动轴、万向节的类型和结构

万向节按速度特性,可以分为不等速万向节和等速万向节。所谓的不等速性,即当主动叉等角速转动时,从动叉是不等角速转动的,但主、从动轴的平均转速是相等的,即主动轴转一圈,从动轴也转一圈。

(1)不等速万向节。

此种类型的万向节代表是十字轴式的万向节,如图1-8所示,它是由十字轴、主从动万向节叉、滚针轴承、挡圈等组成。

(2)等速万向节

等速万向节一般在内外半轴上使用,典型的代表是球笼式万向节,结构如图1-9所示,它是由星形套、钢球、保持架、球形壳、橡胶护套等组成。

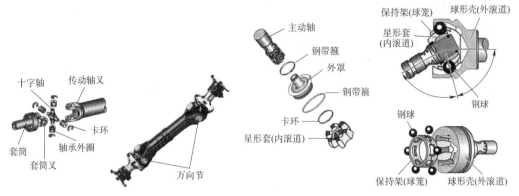

图 1-8 十字轴式的万向节　　　　图 1-9 球笼式万向节

4. 以典型的半轴式球笼式传动轴检查与更换为例进行知识讲解

(1) 半轴的结构。

因驱动桥结构形式的不同,整体式驱动桥中的半轴为一刚性整轴,而转向驱动桥和断开式驱动桥中的半轴则分段,并用万向节连接。半轴内端一般制有外花键与半轴齿轮连接;半轴外端结构形式多样,有的直接在轴端锻造出凸缘盘,有的制成花键与单独制成的凸缘盘滑动配合,还有的制成锥形并通过键和螺母与轮毂固定连接,如图 1-10 所示。

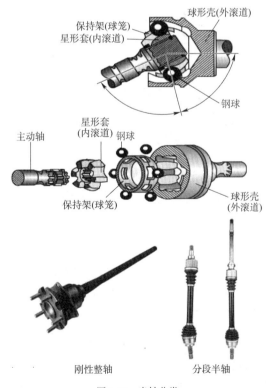

图 1-10　半轴分类

(2)半轴的作用。

半轴的作用是将变速器传来的动力传递给驱动车轮。因传递转矩较大,为了减轻传动轴的重量、节省材料、提高轴的强度和刚度,传动轴多制造成空心轴,半轴必须能补偿因颠簸路面或其他类似行驶条件,导致差速器与车相对位置发生变化的移位,确保发动机转矩平稳传递到车轮。半轴的安装位置如图1-11所示。

图1-11　半轴的安装位置图

5. 半轴新技术——更轻、更强、更可靠的"驱动之桥"

(1)旋锻轴杆半轴是一种更轻量化、强度更佳、更安全可靠的半轴(图1-12)。除了质量更轻的优势外,这也是一款稳定性高、耐用性更好的高性价比产品。

图1-12　旋锻轴杆半轴

(2)滚珠花键轴杆大幅提升了半轴的噪声、振动和声振粗糙度性能(图1-13)。可伸缩式的轴杆适用于对传动系统有着极高工作角度和行程要求的车辆,并能兼容所有类型的驱动、变速器和轮毂,有着高灵敏度、高耐用性的特点。

图1-13　滚珠花键半轴

传动轴的工作频率高,在维修的过程中,传动系统紧固件规格按要求选用(表1-8),不然容易出现故障症状(表1-9),针对症状进行检查,查找故障点。

紧固件规格 表1-8

应用	规格	力矩范围	
		公制(N·m)	英制(lb-ft)
驱动轴外固定锁止螺母	M22	206~226	152-166.7
转向节与前减振器连接螺栓	M14×58	138~168	101.8~123.9
转向节与前减振器连接螺母	M14	138~168	101.8~123.9
前轮速传感器线束固定支架与前减振器固定螺栓	M6×15	8~10	6.0~7.4

故障症状 表1-9

症状	怀疑部件	解决方式
噪声	(1)固定球笼式等速万向节(磨损); (2)可移动三球销式等速万向节(磨损); (3)两端防尘罩(波纹是否挤压摩擦)	参见驱动轴零部件更换
漏油	(1)固定端防尘罩(破裂); (2)伸缩端防尘罩(破裂)	

(二)制订工作方案

1.任务分工(表1-10)

学生任务分配表 表1-10

班级		组号		指导老师	
组长		任务分工			
组员1		任务分工			
组员2		任务分工			
组员3		任务分工			
组员4		任务分工			
组员5		任务分工			
组员6		任务分工			

2.工量具、仪器设备与耗材准备

(1)使用的工量具有:_____。
(2)使用的仪器设备有:_____。
(3)使用的耗材有:_____。

3．具体方案描述

_____
_____
_____

三、计划实施

课堂思政

新能源汽车传动轴的作用是与变速器、驱动桥一起将发动机的动力传递给车轮，使汽车产生驱动力。传动轴是一个高转速、少支承的旋转体，因此它的动平衡是至关重要的。正如我们的职业素养一样，它与知识、技能是同步发展、相互促进的，对提升我们的知识水平、技能水平起着平衡、同向同行的作用，是充分体现我们知识理论和技术技能的关键要素。

(一)安全注意事项及技能要点

1．安全注意事项

(1)准备好零件箱以及零件架，用来放置拆卸、分解的零部件，放置时必须有次序，必要时做上标记，避免发生混乱、放错。

(2)检修传动部件时要小心，避免加工表面的损伤。

(3)准备好充足的辅助材料，以便在检修时随时取用。

(4)对有标准拧紧力矩要求的螺栓和其他紧固零件，按照要求数值使用专用工具拧紧。

(5)进行检修后，一次性用品应当报废，换上新品。

(6)使用正确的拆卸工具进行拆卸与装配。

(7)工作时尽可能参照本检修手册的内容。

2．技能要点

(1)能对传动轴需要全面检查并进行完全拆解。

(2)能够对拆解的零部件清洗、检查、维修或更换。

(3)懂得查阅资料，对传动系统按紧固件规格进行紧固，能针对症状进行检查，查找故障点，进行更换。

(二)传动轴的检查与更换操作方法及说明

传动轴的检查与更换操作方法及说明见表1-11。

传动轴的检查与更换操作方法及说明　　　　　　　　　　　　　表1-11

步骤	操作方法及说明	质量标准及注意事项
1. 举升车辆	（1）在车架边梁或者其他指定的举升点举升车辆时，要确保千斤顶垫块未碰到制动油管或者高压线。如果碰到了上述部位，会造成车辆损坏或车辆性能下降。 （2）开始任何举升程序前，应保车辆位于清洁、坚硬、水平的表面上。 （3）确保所有提升装置都符合重量标准，且处于良好的工作状态。确保所有的车辆负载平均分布并且固定不动。 （4）如果只是从车架纵梁支撑车辆，应保提升装置未在车架纵梁上施加过大的力或损坏车架纵梁 车辆举升点	□后端举升机垫块不能碰到门槛板至车架纵梁外侧或地板。将后端举升机垫块放置在后车架纵梁和侧车架纵梁之间连接处的下面 □前端举升机垫块不能碰到门槛板至车架纵梁外侧或地板。将前端举升机垫块放置在前车架纵梁和侧车架纵梁之间连接处的下面 □其他点对照以上方法
2. 拆下前轮	（1）用拆卸工具取出车轮螺母罩。 （2）按顺序 1—5—2—4—3 拧松车轮螺母，举升车辆，拆卸车轮螺母，取出车轮。 （3）左、右两边车轮的拆卸方法相似	□为保持车轮平衡，在拆卸轮胎之前，标记车轮相对于轮毂的位置 □按顺序 1—5—2—4—3 拧松车轮螺母，并按规定卸下车轮螺母

续上表

步骤	操作方法及说明	质量标准及注意事项
3.拆下前机舱底部护板总成	(1)举升车辆按以下方法拆卸前机舱底部护板总成： ①拆卸前机舱底部左/右护板两侧固定螺钉及塑料卡扣。 ②拆卸前机舱底部左/右护板下固定螺钉及塑料卡扣,留下一个固定卡扣以稳住机舱底部左/右护板。 ③用手支撑住前机舱底部左/右护板,拆卸并拆除最后一个固定卡扣。 (2)如无前机舱底部护板,不用拆除	
4.排空减速器油	(1)将车辆水平放置,并让减速器内部的油冷却,拆卸加油螺塞1并检查油位,减速器油面应该与加注孔下缘齐平。 (2)拆卸减速器放油螺塞2,用回收容器接收放出的减速器油	□注意保持场地干净,防止污染
5.拆卸驱动轴	(1)使用冲子松开驱动轴锁止螺母。	□拆卸过程中防止损坏减速器及油封侧接触端面 □严禁拉扯防尘罩,防止跌落驱动轴总成,不得磕碰防尘罩和油封

续上表

步骤	操作方法及说明	质量标准及注意事项
5.拆卸驱动轴	（2）用专用工具拆卸驱动轴固定锁止螺母。 （3）拆卸转向节和前减振器的连接螺母，取出螺栓。 （4）取出驱动轴的外端。 （5）适当向外拉动制动器，使用专用工具拆下驱动轴的内端，取下驱动轴总成	

续上表

步骤	操作方法及说明	质量标准及注意事项
5.拆卸驱动轴		
6.传动轴的检查	检查传动轴是否漏油,是否变形损坏,花键轴要保持清洁,防尘罩应完好,夹箍应安装平整等	
7.安装驱动轴	(1)安装驱动轴内端至减速器一侧,安装驱动轴外端至转向节内。 (2)安装转向节和前减振器的螺栓,紧固螺母,拧紧力矩:153N·m(公制),112.8lb-ft(英制)。	□在装配固定球笼式等速万向节时,应填涂适量的符合要求的长效润滑脂,按标记装配 □在安装过程中应防止跌落驱动轴总成,不得损坏防尘罩和油封 □传动轴在安装过程中需用力推入,并确认是否安装到位。安装时,需将花键对准花键槽 □按传动系统紧固件规格力矩拧紧 □左、右驱动轴的安装方法相似

续上表

步骤	操作方法及说明	质量标准及注意事项
7. 安装驱动轴	（3）安装驱动轴外固定锁止螺母，拧紧力矩：206～226N·m（公制），152～166.7lb-ft（英制）。 （4）使用冲子锁止驱动轴固定锁止螺母	
8. 安装前轮	加注减速器油，装上机舱底部护板总成，放下车辆并安装车轮	注意：左、右驱动轴的安装方法相似
9. 整理工具和场地	整理工具，清洁规范整理工具设备（7S）	按7S要求进行整理
10. 移交车辆	将检修传动轴后的新能源汽车移交接待人员	完成本次工作任务

四、评价反馈

评价反馈填写评价表（表1-12）。

评价表　　　　　　　　　　　　　　　　　表1-12

评分项目	评分标准	分值(分)	得分
学习目标	能明确本任务的知识、技能、素养目标，理解任务在工作中的重要程度	3	
工作任务分析	能清晰描述本次工作任务内容	3	
	能清晰描述完成本次工作任务需具备的技能与知识点	3	

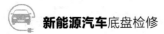

续上表

评分项目	评分标准	分值(分)	得分
有效信息获取	能说出传动轴、万向节在车上的安装位置	3	
	能说出传动轴的类型和构造	3	
	能阐述传动轴的动力传递路线	3	
	能阐述传动轴的工作原理	3	
实施方案制订	能清晰地制订并填写本次传动轴检修的准备作业计划	5	
	能组织或协同工作小组成员,明确本次任务所需仪器设备、工具、材料的准备与清点,并做好记录	5	
	能组织或协同工作小组成员交流,优化检查方案并记录	5	
任务实施	能写出传动轴检修安全注意事项	5	
	能写出传动轴检修所需的技能要点	5	
	能团队协作,按分工实施检修任务	5	
	能妥善应对检修过程出现的应急问题	5	
	能根据故障现象找出传动轴故障点	5	
	能协作完成传动轴更换任务	5	
	能对更换后的传动轴运行情况进行检测	5	
	能将检修后的新能源汽车移交接待人员	5	
任务评价	能够客观评价小组及其他小组的任务实施情况,正确理解各评价要素的意思,按过程性评价和结果性评价完成任务评价	3	
	能通过本次任务实施,结合自己在实训过程中的表现,进行自我评价及自我反思并记录	5	
职业素养	按规定时间完成项目作业	2	
	遵守实训室管理规定、劳动纪律	3	
	能够按时出勤,积极参与课堂活动、回答问题	3	
	遵守7S管理	3	
思政要求	有安全意识,能够遵守成本管理要求,具备精益求精职业操守	5	
总计		100	

改进建议:

教师签字:

日期:

学习活动 4　主减速器的检查与更换

一、明确任务

根据任务描述,一辆新能源汽车进厂维修,客户反映汽车整车起动时有异响,有时起动比较困难,经确认故障现象后,需要对该车部件进行检查与更换,使其恢复正常使用性能。

二、工作准备与计划制订

(一) 知识准备

1. 主减速器的功能介绍

本节介绍的主减速器是纯电动汽车行业中技术含量较高的一款减速器。减速器类型为单挡双级减速器,采用前进挡和倒挡集成结构进行设计,倒挡通过整车驱动电机反向驱动实现。驱动电机的速度-转矩特性非常适合汽车驱动的需求,在纯电动模式下,汽车的驱动系统不再需要多挡位的变速器,驱动系统结构得以大幅简化。

减速器介于驱动电机和驱动半轴之间,驱动电机的动力输出轴通过花键直接与减速器输入轴齿轮连接。一方面减速器将驱动电机的动力传给驱动半轴,起到降低转速增大转矩作用,另一方面满足汽车转弯及在不平路面上行驶时,左右驱动轮以不同的转速旋转,保证车辆的平稳运行,动力传递路线如图1-14所示。

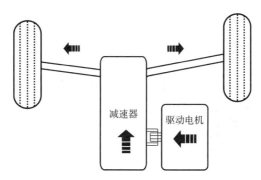

图1-14　动力传递路线

2. 主减速器的特点

转速高、输出转矩大,噪声、振动和声振粗糙度性能好,最高效率97%,可靠性强,工作温度范围广,采用前进挡和倒挡集成结构进行设计,倒挡通过整车驱动电机反向驱动实现;可适配转矩在 0~300N·m,最高转速 12000r/min 的驱动电机。

3. 主减速器的工作原理

整车通过检测电子挡位信号和加速踏板深度信号,以控制驱动电机的正反转、转速和转矩,通过减速器本体输出转速和转矩,进而达到调整整车车速的目的(图 1-15)。

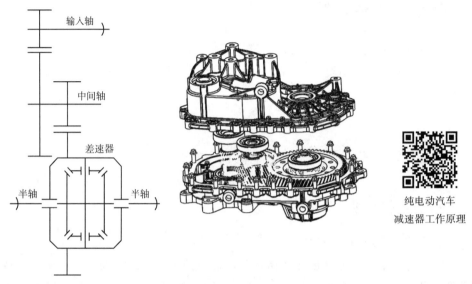

图 1-15 主减速器结构图

4. 主减速器的组成和动力传递

本节介绍的主减速器按功用和位置分为 5 大组件:右侧壳体、左侧壳体、输入轴组件、中间轴组件、差速器组件(图 1-16、表 1-13)。

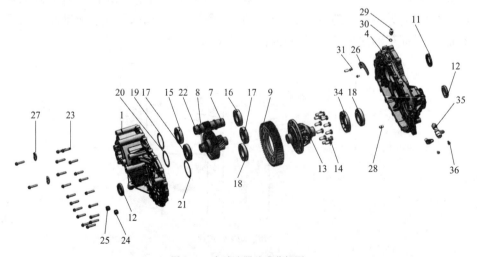

图 1-16 主减速器总成分解图

该减速器依靠两对齿轮副实现动力的传递和交换、整车前进和倒退时的动力传递路线为:输入轴齿轮→中间轴齿轮→中间轴→主减速齿轮→差速器半轴齿轮→传动轴。

主减速器组件名称与型号   表1-13

图1-16中序号	名称	型号
1	后壳体	T30E
2	前壳体	T30E
3	轴用挡圈	$\phi48$
4	输入轴	T30E1
5	中间联轴	T30E1
6	齿圈	T30E1
7	输入轴油封	$\phi38 \times \phi62$
8	输出轴油封	$\phi40 \times \phi60 \times 9$
9	差速器总成	T30E
10	六角凸缘面螺栓(差速器)	$M12 \times 1.25 \times 25$
11	输入轴深沟球轴承	6208C3UR3($\phi40 \times \phi80 \times 18$)
12	输入轴深沟球轴承	6208C3($\phi40 \times \phi80 \times 18$)
13	中间轴圆锥滚子轴承	30208($\phi40 \times \phi80 \times 19.75$)
14	输出轴圆锥滚子轴承	30209($\phi45 \times \phi85 \times 20.75$)
15	调整垫(输入轴)	T30E
16	调整垫(中间轴)	T30E
17	调整垫(输出轴)	T30E
18	输入轴堵头	T30E
19	六角凸缘面螺栓	$M8 \times 40$(8.8级,镀环保达克罗)
20	内四方锥形油塞	NPT1/2-14
21	内四方锥形磁性油塞	NPT1/2-14
22	挡油板	T30E
23	吊环板	T30F
24	定位销	$\phi10 \times 20$
25	输入轴防尘盖	$\phi30 \times 16.5$
26	通气塞	$M12 \times 1.25 \times 9$
27	传动轴防尘盖	$\phi40 \times 29$
28	O形圈	12.5×1.8
29	六角凸缘面螺栓	$M5 \times 10$(镀锌)
30	里程表主动轮	T30E
31	里程表从动轮组件	T30F1
32	六角凸缘面螺栓	$M6 \times 15$

(二)减速器维护和故障检查及排除

1. 维护周期

(1)定期维护,首次维护1万km/年更换减速器内润滑油,后期每5万km/2年更换一次。

(2)减速器涉水深度不能超过通气塞位置,以防进水导致减速器早期失效。

(3)不能过激碰撞减速器,以防壳体破裂,导致漏油。

(4)装配时,输入轴配合花键要涂一定量(根据配合空间确定)的润滑脂,确保花键正常使用。

注意:按厂家要求使用规定型号品种的减速器润滑油及合适的加油量。

2. 更换润滑油

(1)将注油堵口以及周围区域清理干净。

(2)减速器下方放置一个盛油的容器。

(3)先拧开放油螺栓再拧开注油螺栓,以防止润滑油从注油口流出,最后将润滑油放干净。

(4)清理放油堵口磁铁,安装并拧紧放油螺栓,拧紧力矩为18~23N·m。

(5)从注油孔加入润滑油,油面应加至距减速器注油孔下缘0~5mm范围。

(6)安装并拧紧注油螺栓,拧紧力矩为18~23N·m。

3. 故障检查及排除方法

在操作困难的情况下,减速器最好停止运转。在大部分情况下,为了准确地判定故障点,有可能需要拆下、拆解或部分拆解减速器。故障及排除见表1-14。

注意:只要减速器从整车上拆卸下来,再次装车前均需更换油封和O形圈。

故障及排除表　　　　　　　　　　　　　表1-14

故障	可能原因	解决方法
整车无法正常起动	某些功能件失效	1. 读取TCU故障码。 2. 根据故障码表确认问题零部件,更换为合格件
整车起动时异响	1. 油量不够,油品选择错误,或总成内进水。 2. 内部齿轮机构损坏。 3. 中间齿轮轴花键侧隙大	1. 打开减速器检查减速器总成内油,如有必要,更换内部油。 2. 检查内部齿轮机构(包括输入轴、中间齿轮轴、大齿圈)是否损坏或异常磨损,轴承是否卡滞,更换磨损件或卡滞轴承。 3. 若未发现异常零部件,更换中间齿轮轴分总成
整车行驶过程中异响	1. 油量不够,油品选择错误,或总成内进水。 2. 内部齿轮机构损坏。 3. 轴承卡滞	1. 打开减速器检查减速器总成内部油,如有必要,更换内部油。 2. 检查内部齿轮机构,包括输入轴、中间齿轮轴、差速器、大齿圈是否损坏或异常磨损,更换磨损件。 3. 更换卡滞轴承

续上表

故障	可能原因	解决方法
减速器润滑油渗漏	1. 减速器壳体破损。 2. 从其他部件渗漏。 3. 润滑油油量比要求的多或油品选择不合适。 4. 通气塞漏、油封磨损或损坏、密封面螺栓松动	1. 更换壳体分总成。 2. 证实确实是减速器渗油，通过擦干，检查渗漏情况。 3. 指用定的润滑油，调整到合适的油量。 4. 进行更换和拧紧螺栓

（三）制订工作方案

1. 任务分工（表1-15）

学生任务分配表　　　　　表1-15

班级		组号		指导老师	
组长		任务分工			
组员1		任务分工			
组员2		任务分工			
组员3		任务分工			
组员4		任务分工			
组员5		任务分工			
组员6		任务分工			

2. 工量具、仪器设备与耗材准备

（1）使用的工量具有：_____。

（2）使用的仪器设备有：_____。

（3）使用的耗材有：_____。

3. 具体方案描述

_____

_____

_____

三　计划实施

课堂思政

新能源汽车减速器主要通过精准匹配驱动电机与车轮之间的速度，从而实现降低转速增加转矩的作用。这就需要我们不断传承和发扬工匠精神,以一丝不苟、精益求精的专业技术精神,在新能源汽车维修领域不断丰富理论知识体系、提升技术技能水平和职业素养能力。

(一)安全注意事项及技能要点

1. 安全注意事项

(1)准备好零件箱以及零件架,用来放置拆卸、分解的零部件,放置时必须有次序,必要时做上标记,避免发生混乱、放错。

(2)检修铝合金部件时要十分小心,避免加工表面的损伤。

(3)准备好充足的辅助材料,以便在检修时随时取用。

(4)对有标准拧紧力矩要求的螺栓和其他紧固零件,按照要求数值使用专用工具拧紧。

(5)进行检修后,一次性用品应当报废,换上新品。

(6)使用正确的拆卸工具进行拆卸与装配。

(7)工作时尽可能参照本检修手册的内容。

2. 技能要点

(1)能对主减速器全面检查并进行完全拆解。

(2)能够对拆解的零部件清洗、检查、维修或更换。

(3)懂得查阅资料,对减速器齿轮组件的间隙标准值的调整。

(二)主减速器的检查与更换

主减速器的检查与更换操作方法及说明见表1-16。

表1-16 主减速器的检查与更换操作方法及说明

步骤	操作方法及说明	质量标准及注意事项
1. 外观检查及放油	(1)拆下放油螺栓,检查组件和O形密封圈是否完好。 (2)总成放置:将总成平放在工作台上(无电机一侧壳体接触工作台),且在输入轴端壳体下方放置垫块,确保输入轴与工作台面不接触 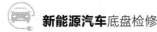 注油堵口 放油堵口	□做好作业前的个人防护和工具准备 □检查主减速器外形是否有扭曲、变形 □检查动力总成拆装实训工作台及主减速器的稳定性

续上表

步骤	操作方法及说明	质量标准及注意事项
1. 外观检查及放油		
2. 分解主减速器箱体	（1）正确拆卸螺栓（交错拧开），按一定的顺序和次数卸力拧出。 （2）在接合面左右两侧定位销位置，使用工具（如使用螺丝刀，用吸油纸包裹螺丝刀工作面，以防损坏壳体）将壳体上盖和下盖分离。 （3）双手握紧上盖两侧边缘，将其平行向上移动，以防损坏定位销，将上盖反向（接合面向上）放在工作台上备用。 （4）清除减速器前壳体和后壳体接合面上的密封胶，注意不要损伤两壳体接合面或让清除物落入减速器内	□ 检查螺纹是否破坏或其他损伤 □ 拆解过程中可用橡胶锤轻轻敲松，保护好前箱体与后箱体接触面的密封性 □ 拆解箱体过程中注意保护磁铁块，防止脱落

续上表

步骤	操作方法及说明	质量标准及注意事项
2. 分解主减速器箱体		
3. 拆卸主减速器的差减器/主副轴组件	将输入轴、中间齿轮轴分总成、差速器分总成依次向上垂直平移取出,不要损坏或磕碰齿。将取出的零部件(除中间轴分总成外)依次放在工作台备用,齿不要与工作台面接触	
4. 组件清洁并进行检查	(1)清洁差速器组件表面。 (2)使用吸油纸对球轴承、圆柱滚子轴承、主轴、副轴表面进行清洁	□目视查看轴承的滚珠和滚道,是否有剥落、胶合、点蚀或其他损坏
5. 主减速器内部零部件装配(前壳体)	将前壳体(无P挡电机一侧壳体)平放置在工作台上(接合面向上),用垫块撑起输入轴孔一端保证壳体水平,注意避开电机面接合止口处,确认壳体分总成内中间轴和差速器锥轴承外圈已安装到位,合箱定位销已装配,并确认挡油板已装配无破损	□所有未涂布润滑脂的内部零件在装配前都要用正确指定的润滑油(脂)润滑,以便容易装配并能运转时提供初始润滑
6. 安装差减器总成组件	把差速器分总成放入壳体内并确认定位于轴承孔内	□装配前,O形圈或油封在没有润滑时可能会损坏 □装配前,需润滑油封唇口和与之配合的零件

续上表

步骤	操作方法及说明	质量标准及注意事项
7.安装中间轴总成组件	把合格的中间轴分总成放到壳体内并确认定位于轴承孔内,注意不要碰伤齿轮,旋转中间轴分总成确认齿轮是否有异响卡滞现象,并确认中间轴卡环已装配（中间轴分总成）	□确保轴承在装配前能完全被润滑,运转未被润滑的轴承即使是很短的时间,也将导致其损坏
8.安装输入轴总成组件	把输入轴放入壳体并确认定位于轴承孔内,转动差速器分总成确认齿轮组能够自由平稳地转动（输入轴分组件）	□检查与轴承、油封、O形圈配合表面状况 □检查花键、齿轮是否损坏
9.检查并调整减速器齿轮组件的间隙,对接合面进行涂胶	手持涂胶枪沿接合面进行涂胶,确认涂胶轨迹粗细均匀、连续并位于壳体接合面靠近中心位置上	□检查主减速器齿轮组件间隙是是否符合标准值
10.安装前后箱体	合箱,把上盖对齐销孔装到壳体上,注意手指不要触碰到涂胶轨迹,注意后壳输入轴孔的垫片,应缓慢安装避免掉落,确保后壳体与前壳体完全压紧	□检查后盖是否有裂纹或其他破损 □检查接合面是否有毛刺或者其他妨碍配合和密封的损坏

续上表

步骤	操作方法及说明	质量标准及注意事项
11.紧固	使用专用工具将螺钉放到螺钉孔内,并按规定顺序和力矩拧紧 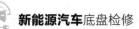	□前后壳体连接螺栓拧紧力矩 25～32N·m □正确拧紧螺栓(交错拧紧)按维修手册的要求进行
12.整理工具和场地	整理工具,清洁规范整理工具设备(7S)	□按7S要求进行整理

(三)维修注意事项

(1)建议总成维修完毕后,同时将输出轴油封更换,以防总成在拆卸过程中划伤油封导致漏油。

(2)总成维修过程中,不能过激碰撞减速器壳体,防止壳体破裂,导致漏油。

(3)输入轴配合花键装配时要涂一定量的润滑脂,保证花键正常使用。润滑脂用量根据花键配合空间确定。

(4)选择合适的减速器油和按规定的加注量加注。

四 评价反馈

评价反馈填写评价表(表1-17)。

评价表　　　　表1-17

评分项目	评价标准	分值(分)	得分
学习目标	能明确本任务的知识、技能、素养目标,理解任务在工作中的重要程度	3	
工作任务分析	能清晰描述本次工作任务内容	3	
	能清晰描述完成本次工作任务需具备的技能与知识点	3	
有效信息获取	能说出主减速器的功能	3	
	能说出主减速器的五大组件	3	
	能阐述主减速器的动力传输路径	3	
	能阐述主减速器的工作原理	3	

续上表

评分项目	评分标准	分值(分)	得分
实施方案制订	能清晰地制订并填写本次主减速器检修的准备作业计划	5	
	能组织或协同工作小组成员,明确本次任务所需仪器设备、工具、材料的准备与清点,并做好记录	5	
	能组织或协同工作小组成员交流,优化检查方案并记录	5	
任务实施	能写出主减速器维修注意事项	5	
	能写出主减速器检修所需的技能要点	5	
	能团队协作,按分工实施检修任务	5	
	能妥善应对检修过程出现的应急问题	5	
	能检查出主减速器故障问题和提出解决方式	5	
	能协作完成主减速器拆解安装检修任务	5	
	能对更换后的主减速器运行情况进行检测	5	
	能将检修后的新能源汽车移交接待人员	5	
任务评价	能够客观评价小组及其他小组的任务实施情况,正确理解各评价要素的意思,按过程性评价和结果性评价完成任务评价	3	
	能通过本次任务实施,结合自己在实训过程中的表现,进行自我评价及自我反思并记录	5	
职业素养	按规定时间完成项目作业	2	
	遵守实训室管理规定、劳动纪律	2	
	积极参与课堂活动、回答问题	2	
	能够按时出勤	2	
	遵守7S管理	3	
思政要求	有安全意识,能够遵守成本管理要求,具备精益求精职业操守	5	
总计		100	

改进建议:

教师签字:
日期:

学习活动 5　差速器的检查与更换

一　明确任务

汽车在行驶过程中,底部出现连续规律性异响,且行车速度越快异响越明显,需要对差速器进行检查与维修,使其恢复正常使用性能。

二　工作准备与计划制订

(一)知识准备

1. 差速器的定义

差速器是能够使左、右或者前、后驱动轮实现以不同转速转动的机构(图 1-17)。

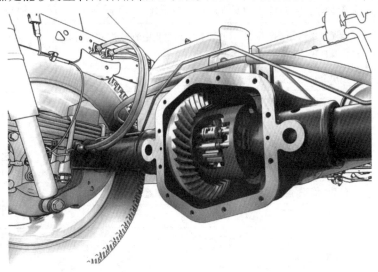

图 1-17　差速器

2. 差速器的分类

目前,差速器通常按其工作特性分为齿轮式差速器和防滑差速器两大类(图 1-18)。

(1)齿轮式差速器(图 1-19)。

齿轮式差速器的主要代表是行星齿轮差速器,其运动状态可分为两种:一是行星齿轮的自转,差速器工作时,行星齿轮绕行星齿轮轴的旋转称为行星齿轮的自转;二是行星齿轮的公转,差速器工作时,行星齿轮绕半轴轴线的旋转称为行星齿轮的公转。

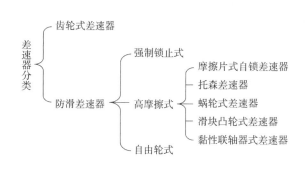

图 1-18　差速器分类

图 1-19　齿轮式差速器

（2）防滑差速器（图 1-20）。

为提高汽车在不良路面上的通过能力，某些越野汽车及高级轿车上装置防滑差速器。防滑差速器的特点是：当一侧驱动轮在不良路面上滑转时，能使大部分甚至全部转矩传给在良好路面上的驱动轮，以充分利用这一驱动轮的附着力来产生足够的驱动力，使汽车顺利起步或继续行驶。为实现上述要求，最简单的方法是在对称式锥齿轮差速器上设置差速锁，使之成为强制止锁式差速器。当一侧驱动轮滑转时，可利用差速锁使差速器锁死而不起差速作用。

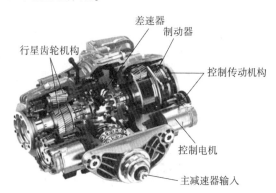

图 1-20　防滑差速器

根据结构特点不同，防滑差速器有强制锁止式、高摩擦式和自由轮式 3 种。其中，高摩擦式差速器中又分为摩擦片式自锁差速器、托森差速器、蜗轮式差速器、滑块凸轮式差速器和黏性联轴器式差速器 5 种。

3. 差速器组成及工作原理

差速器主要由半轴齿轮、行星齿轮及齿轮架（差速器壳）等组成。发动机的动力经传动轴进入差速器，直接驱动行星齿轮架，再由行星齿轮带动左、右两条半轴，分别驱动左、右车轮。

差速器的设计要求满足：左半轴转速 + 右半轴转速 = 2 × 行星齿轮架转速。当汽车直行时，左、右车轮与行星齿轮架三者的转速相等处于平衡状态；当汽车转弯时，左、右车轮与行星齿轮架三者的平衡状态将被打破,出现内侧轮转速减小,外侧轮转速增加的现象。

(1)齿轮式差速器。

由于结构原因,齿轮式差速器分配给左右轮的转矩是相等(图1-21)。这种差速器转矩均分特性能满足汽车在良好路面上正常行驶。但当汽车在不良路面上行驶时,却严重影响通过能力。例如当汽车的一个驱动轮陷入泥泞路面时,虽然另一驱动轮在良好路面上,汽车却往往不能前进(俗称打滑)。此时在泥泞路面上的驱动轮原地滑转,在良好路面上的车轮却静止

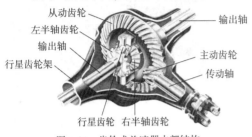

图1-21 齿轮式差速器内部结构

不动。这是因为在泥泞路面上的车轮与路面之间的附着力较小,路面只能通过此轮对半轴作用较小的反作用力矩,因此差速器分配给此轮的转矩也较小。此时,尽管另一驱动轮与良好路面间的附着力较大,但因平均分配转矩的特点,使这一驱动轮也只能分到与滑转驱动轮等量的转矩,以致驱动力不足以克服行驶阻力,汽车不能前进,而动力则消耗在滑转驱动轮上。此时加大加速踏板的踩下深度,不仅不能使汽车前进,反而浪费燃油,加速机件磨损,尤其使轮胎磨损加剧。

齿轮式差速器主要有三种运行状态。

①汽车直线行驶时,主减速器的从动锥齿轮驱动差速器壳旋转,差速器壳驱动行星齿轮轴旋转,行星齿轮轴驱动行星齿轮公转,半轴齿轮在行星齿轮的夹持下同速同向旋转,此时,行星齿轮只公转、不自转,左右车轮和转速等于从动锥齿轮的转速(图1-22)。

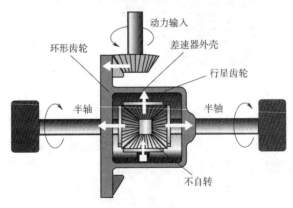

图1-22 直线行驶差速器原理图

②汽车转弯时,行星齿轮在公转的同时,产生了自转,即绕行星齿轮轴的旋转,造成一侧半轴齿轮转速的增加,而另一侧半轴齿轮转速的降低,两侧车轮以不同的转速旋转。此时,一侧车轮增加的转速等于另一侧车轮减少的转速(图1-23)。

③当将两个驱动轮支起后,车轮离地,如果我们转一侧的车轮,另一侧车轮反方向

同速旋转,这时,差速器内的行星齿轮只自转、不公转,两侧半轴齿轮以相反的方向旋转,从而带动两侧车轮反方向同速旋转。

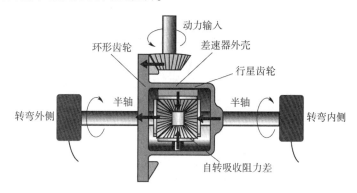

图 1-23　转弯行驶差速器原理图

（2）防滑差速器。

防滑差速器的结构如图 1-24 所示。

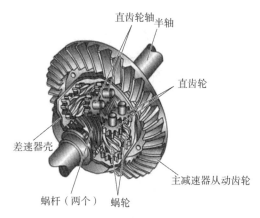

图 1-24　防滑差速器的结构图

差速器的调速是自动的。根据"最小能耗原理",车轮在转弯时会自动趋向能耗最低的状态,自动地按照转弯半径调整左右轮的转速。当转弯时,由于外侧轮有滑拖的现象,内侧轮有滑转的现象,两个驱动轮此时就会产生两个方向相反的附加力,由于"最小能耗原理",必然导致两边车轮的转速不同,从而破坏了三者的平衡关系,并通过半轴反馈到半轴齿轮上,迫使行星齿轮产生自转,使内侧半轴转速减慢,外侧半轴转速加快,从而实现两边车轮转速的差异。

防滑差速器原理图如图 1-25 所示,驱动桥两侧的驱动轮若用一根整轴刚性连接,则两轮只能以相同的角度旋转。这样,当汽车转向行驶时,由于外侧车轮要比内侧车轮移过的距离大,将使外侧车轮在滚动的同时产生滑拖,而内侧车轮在滚动的同时产生滑转。即使是汽车直线行驶,也会因路面不平或虽然路面平直但轮胎滚动半径不等（轮胎制造误差、磨损不同、受载不均或气压不等）而引起车轮的滑动。

车轮滑动时不仅加剧轮胎磨损、增加功率和燃料消耗,还会使汽车转向困难、制动性能变差。为使车轮尽可能不发生滑动,在结构上必须保证各车轮能以不同的角度转动。

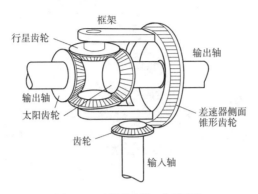

图1-25 防滑差速器工作原理图

4. 差速器的作用

差速器是为了调整左右轮的转速差而装置的,当汽车转弯行驶或在不平路面上行驶时,差速器能够使左右车轮以不同转速滚动。

(1)用来在两个输出轴之间分配转矩。

(2)保证两个输出轴以不同的角速度转动。

(3)用来保证各驱动轮在各种运动条件下的动力传递。

(4)避免轮胎与地面打滑。

(二)制订工作方案

1. 任务分工(表1-18)

学生任务分配表　　　　　　　表1-18

班级		组号		指导老师	
组长		任务分工			
组员1		任务分工			
组员2		任务分工			
组员3		任务分工			
组员4		任务分工			
组员5		任务分工			
组员6		任务分工			

2. 工量具、仪器设备与耗材准备

(1)使用的工量具有:_____。

(2)使用的仪器设备有:_____。

(3)使用的耗材有:_____。

3. 具体方案描述

_____

_____

_____

_____

三、计划实施

(一) 差速器检修注意事项

(1) 差速器壳不能有任何性质的裂纹,壳体与行星齿轮垫片、差速器半轴齿轮之间的接触,应光滑无沟槽;若有轻微沟槽或磨损,可修磨后继续使用,否则应予修理或更换。

(2) 差速器壳上行星齿轮轴孔与行星齿轮轮轴的配合间隙不得大于0.1~0.15mm,半轴齿轮轴颈与壳孔的配合为间隙配合,应无明显松旷感觉,否则应予更换或修理。

(3) 差速器在拆卸维修过程中,不允许使用捶打、敲击,必须保证配件质量的完整性,如果需要可使用铜锤或铜棒。

(4) 维修差速器的平台必须铺有橡胶板,防止配件之间发生硬碰。

(二) 差速器的检查与更换

差速器的检查与更换操作方法及说明见表1-19。

差速器的检查与更换操作方法及说明 表1-19

步骤	操作方法及说明	质量标准及注意事项
1. 外观清洁	拆装前对差速器组件表面进行清洁	□注意清洁过程中防止杂物进入差速器
2. 拆卸齿轮	(1) 拆卸里程表驱动齿轮。 (2) 拆除钢丝夹,拉出行星齿轮轮轴。 (3) 转动行星齿轮,取出行星齿轮和侧齿轮组	□拆卸过程中,要防止损坏组件,拆卸下来的组件要放在干净的布垫上,必要时做好标记
3. 清洗检查差速器	(1) 清洁内部:使用清洗剂将差速器总成内部的油污清洗干净。 (2) 检查齿轮:检查差速器总成的齿轮是否有磨损或裂纹。 (3) 检查轴承:检查差速器总成的轴承是否有异常磨损或松动。 (4) 检查传动轴:检查差速器总成的传动轴是否有弯曲或变形。 (5) 检查差速锁:检查差速器总成的差速锁是否正常工作	□注意清洁过程中不要损坏差速器总成的零部件 □如有问题需要及时更换,以免影响传动效果 □清洗到位,保证齿轮之间正常咬合

续上表

步骤	操作方法及说明	质量标准及注意事项
4.添加润滑油	在检修完成后,需要根据差速器总成的要求添加适量的润滑油	□保证差速器总成的正常运行
5.装配差速器	(1)使用工具在压机上安装新的滚球轴承。 (2)对准两翼的定位孔,向下压安装里程表主动齿轮。 (3)将橡胶垫圈安装到差速器中。 (4)将工具插入差速器壳,然后翻转差速器壳。 (5)将下侧齿轮安装在工具上,并用手抬起侧齿轮。 (6)将行星齿轮装入外壳,握住外壳的旋转齿轮组,对准其孔位置。 (7)将行星齿轮插入定位孔。 (8)安装钢丝夹	□装配过程中,要防止用力过度损坏组件
6.测试差速器	对安装好的差速器进行检测,进一步全面排除异响是否还存在	□按标准检测
7.整理工具和场地	整理工具,清洁规范整理工具设备(7S)	□按7S要求进行整理
8.移交车辆	将检修差速器后的新能源汽车移交接待人员	□完成本次工作任务

四 评价反馈

评价反馈填写评价表(表1-20)。

评价表　　　　　　　　　　　　　　表1-20

评分项目	评分标准	分值(分)	得分
学习目标	能明确本任务的知识、技能、素养目标,理解任务在工作中的重要程度	3	
工作任务分析	能清晰描述差速器检修工作任务内容	3	
	能清晰描述完成差速器检修工作任务需具备的技能与知识点	3	
有效信息获取	能说出差速器类型	3	
	能说出差速器的组成	3	
	能说出差速器运行的三种状态	3	
	能阐述差速器的工作原理	3	
实施方案制订	能清晰地制订并填写差速器检修的准备作业计划	5	
	能组织或协同工作小组成员,明确差速器工作任务所需仪器设备、工具、材料的准备与清点,并做好记录	5	
	能组织或协同工作小组成员交流,优化差速器检查方案并记录	5	

续上表

评分项目	评分标准	分值(分)	得分
任务实施	能写出差速器检修安全注意事项	5	
	能写出差速器检修所需的技能要点	5	
	能团队协作,按分工实施差速器检修任务	5	
	能妥善应对差速器检修过程出现的应急问题	5	
	能根据故障现象找出差速器的故障点	5	
	能协作完成差速器更换任务	5	
	能对更换后的差速器运行情况进行检测	5	
	能将检修差速器后的新能源汽车移交待人员	5	
任务评价	能够客观评价小组及其他小组的任务实施情况,正确理解各评价要素的意思,按过程性评价和结果性评价完成任务评价	3	
	能通过本次任务实施,结合自己在差速器检修实训过程中的表现,进行自我评价及自我反思并记录	5	
职业素养	按规定时间完成项目作业	2	
	遵守实训室管理规定、劳动纪律	3	
	能够按时出勤,积极参与课堂活动、回答问题	3	
	遵守7S管理	3	
思政要求	有安全意识,能够遵守成本管理要求,具备精益求精职业操守	5	
	总计	100	

改进建议:

教师签字:

日期:

习题

一、单选题

1. 以下属于无级自动变速器优点的有(　　)。
　A. 生产成本高　　　　　　　　　B. 钢带承受力量有限
　C. 对钢带材料要求高　　　　　　D. 质量轻、体积小、零件少

2. 自动变速器油检查前必须热车,一般先让车行驶(　　)。
　A. 10~15min　　　　　　　　　　B. 40~60min
　C. 90~150min　　　　　　　　　 D. 200~350min

3. 十字轴式刚性万向节的十字轴轴颈一般都是（　　）。
   A. 中空的　　　　B. 实心的　　　　C. 无所谓

4. 下面万向节中属于等速万向节的是（　　）。
   A. 双联式　　　　B. 球笼式　　　　C. 三销式

5. 使用单级减速器的新能源汽车上未装配以下哪个部件。（　　）
   A. 驱动电机　　　B. 驱动半轴　　　C. 离合器

6. 为了提高传动轴的强度和刚度，传动轴一般都做成（　　）。
   A. 空心的　　　　B. 实心的　　　　C. 半空、半实的

7. 主、从动轴具有最大交角的万向节是（　　）。
   A. 球笼式　　　　B. 球叉式　　　　C. 双联式

8. 全浮式半轴承受（　　）的作用。
   A. 转矩　　　　　B. 弯矩　　　　　C. 反力

9. 按万向节的速度特性来分，可以分为不等速性万向节和（　　）
   A. 球笼式万向节　B. 等速性万向节　C. 十字轴式的万向节

10. 新能源汽车减速器将驱动电机的动力传给（　　），起到降低转速增大转矩的作用。
    A. 车轮　　　　　B. 悬架　　　　　C. 驱动半轴

11. 使用双电机双轴驱动的新能源汽车，通常将（　　）组成一个整体
    A. 驱动电机减速器和驱动桥
    B. 减速器和驱动桥
    C. 驱动电机和驱动桥

12. 主减速器将动力传给差速器，并实现降速增矩、改变（　　）。
    A. 速度　　　　　B. 动力　　　　　C. 传动方向

13. 纯电动汽车和传统车辆或混合动力车辆相比，描述错误的是（　　）。
    A. 可以省去减速器　B. 可以省去变速器
    C. 驱动源只有电机

14. 纯电动汽车一般将电机、（　　）、电控作为一体设计，打造三合一电驱动总成系统，使其高度集成化、轻量化。
    A. 逆变器　　　　B. 充电器　　　　C. 减速器

15. 新能源汽车减速器一般和（　　）总成设在一起。
    A. 电池包　　　　B. 差速器　　　　C. BMS

16. 按照传动级数不同，新能源汽车中减速器可分为（　　）和多级减速器。
    A. 单级减速器　　B. 齿轮减速器　　C. 行星齿轮减速器

17. 分布式驱动电动汽车按照动力系统的组织构型不同可分为两种：一种是（　　），另一种是轮边电机或轮毂电机驱动型式。
    A. 单电机集中驱动型式

B. 电机与减速器组合驱动型式

　　C. 轮边电机轮毂电机驱动型式

18. 下列不属于汽车减速器内部组成部件的是（　　）。

　　A. 输入轴　　　　B. 中间轴、差速器　　C. 电机

二、多选题

1. 无级变速器的结构主要包括（　　）。

　　A. 主动轮组　　　B. 从动轮组　　　C. 金属钢带　　　D. 液压泵

2. 以下属于无级变速器的优点的是（　　）。

　　A. 换挡时没有"顿挫"的感觉，乘坐舒适性好

　　B. 传动效率高，提高车辆的燃油经济性

　　C. 改善驾驶者的操纵方便性

　　D. 质量轻、体积小、零件少

3. 以下可能造成减速器渗油的原因有（　　）。

　　A. 油封磨损或损坏　　　　　　B. 润滑油变质

　　C. 接合面密封不良　　　　　　D. 通气阀失效

4. 以下属于减速器润滑油性能特点的是（　　）。

　　A. 具有良好抗磨性　　　　　　B. 黏度和黏温性

　　C. 氧化安定性　　　　　　　　D. 防锈性和防腐性

5. 以下可能造成减速器噪声过大或者异常的是（　　）。

　　A. 一轴、二轴、差速器轴承损坏

　　B. 齿轮齿面磕碰、有毛刺或齿面发生点蚀或接触不良

　　C. 齿轮轴向位置和间隙不当

　　D. 油面太低，润滑不够

三、判断题

1. 汽车行驶过程中，传动轴的长度可以自由变化。　　　　　　　　　　（　　）

2. 单个十字轴万向节在有夹角时传动的不等速性是指主、从动轴的平均转速不相等。　　　　　　　　　　　　　　　　　　　　　　　　　　　　（　　）

3. 传动轴两端的万向节叉，安装时应在同一平面内。　　　　　　　（　　）

4. 挠性万向节一般用于主、从动轴间夹角较大的万向传动的场合。　（　　）

5. 球叉式万向节的传力钢球数比球笼式万向节多，所以承载能力强、耐磨、使用寿命长。　　　　　　　　　　　　　　　　　　　　　　　　　　（　　）

6. 只有驱动轮采用独立悬架时，才有实现第一万向节两轴间的夹角等于第二万向节两轴间夹角的可能。　　　　　　　　　　　　　　　　　　（　　）

7. 在进行轻量化设计时，对电机壳体结构可以进行优化设计，采用轻质合金，减轻电机壳体质量；对电机转子可以采用空心轴结构，在磁路允许的情况下，以转子铁芯开孔的方式减重。　　　　　　　　　　　　　　　　　　　　（　　）

8. 半轴的作用是将变速器(主减速器)传来的动力传递给驱动车轮,传动轴多制造成空心轴,这样强度会有所降低。( )

9. 在装配固定球笼式等速万向节时,应填涂适量的符合要求的长效润滑脂,按标记装配。( )

10. 传动轴在安装过程中,确认是否安装到位,安装时,需将花键对准花键槽。( )

11. 减速器半轴油封是一次性零部件,拆卸后必须要更换。( )

12. 在地面附着力相同的条件下,当差速器内行星齿轮自转时,差速器将把转矩平均分配给左、右两侧半轴齿轮。( )

13. 主减速器布置在动力向驱动轮分流之前的位置,有利于减小其前面传动部件(如离合器、变速器、传动轴等)所传递的转矩,从而减小这些部件的尺寸和质量。( )

14. 新能源汽车的单级减速器中也安装有同步器,以使相互啮合齿轮的转速迅速达到一致。( )

15. 单级减速器均使用行星齿轮组来传递动力。( )

16. 更换减速器润滑油时,需要将油底壳内部的滤网一并换掉。( )

17. 组装减速器前,需清除减速器上、下壳体密封面上的密封胶。( )

18. 即使车辆使用地区的气温差异很大,也可使用同一型号的减速器润滑油。( )

19. 减速机是一种由封闭在刚性壳体内的齿轮传动、蜗杆传动、齿轮-蜗杆传动所组成的独立部件。( )

20. 目前绝大部分纯电动车型均搭载单级减速器,但随着技术的发展,如果两挡变速器效率能够进一步提高,批量生产以后成本进一步降低,将会迎来更大规模的应用。( )

21. 在机械传动系统中,主动轮与从动轮转速的比值即是传动比。( )

22. 对于电机与减速器组合驱动型式的新能源汽车,其电机和减速器通常被布置在车架上,因此其车身结构变化并不大。( )

23. 新能源汽车的单速减速器具有成本低、结构简单、故障率小及动力损失小等优点。( )

24. 使用单级减速器的新能源汽车,当车辆的速度达到极速之后没有提升空间,所以电动车的速度受到制约,因此它的高速经济性不高。( )

四、实操练习题(知识拓展)

(1)以吉利帝豪 EV450 新能源汽车为例,进行其驱动电机的日常检查。

(2)同步器的功用是使接合套与待啮合的齿圈迅速同步,缩短换挡时间,且防止在同步前啮合而产生换挡冲击。同学们在实操训练的过程中,可以根据步骤按顺序进行对同步器进行检查以更换。

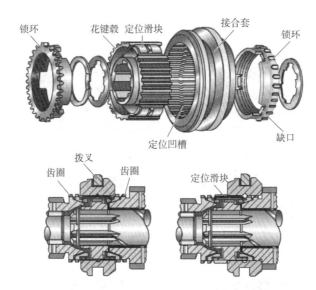

（3）变速器油的更换，变速器每行驶一定的里程数，按用户手册要对变速器油的进行更换维护。

①将汽车举升到适当高度，找到变速器加油螺塞，如下图。

②拆下变速器放油螺塞，放掉变速器润滑油，放油完毕后，用 40～50N·m 的力矩拧紧变速器放油螺塞。

 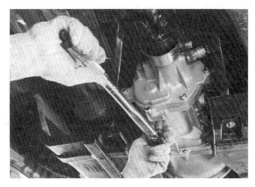

③将变速器润滑油倒入加油机，汽车所使用的变速器，润滑油全部排放后，应重新

用加油机加注变速器润滑油,加至有变速器润滑油从加油口流出为止,此时为正确的变速器润滑油液面高度。

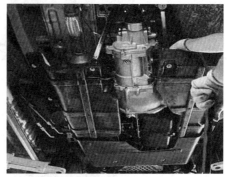

④装上加油口螺塞,并用40~50N·m的力矩拧紧变速器加油螺塞。

(4)驱动轴零部件更换。

①举升车辆,拆下前轮,拆卸驱动轴,分解驱动轴零部件。

②拆开固定球笼式等速万向节防尘罩,用螺丝刀松开固定球笼式等速万向节防尘罩夹箍,拆下防尘罩。

注意:夹箍如果变形,应更换。

③拆开固定球笼式等速万向节,擦去旧的润滑脂,用卡环钳拆下卡环。

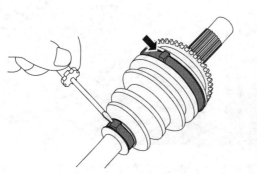
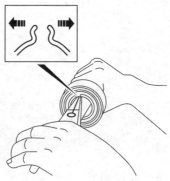

④安装驱动轴零部件按上述相反的过程进行装配。**注意**：左、右驱动轴零部件的安装方法相似。

（5）主减速器总成更换。维修技师通过检查发现，新能源汽车主减速器发生碰撞漏洞，需要进行总成更换。

①拆卸动力总成2个固定螺母，通过举升平台车缓慢下降动力总成。

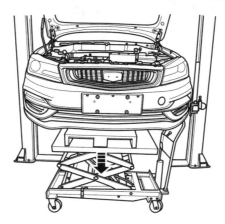

②拆卸驱动电机隔声罩，拆卸驱动电机及减速器总成之间的连接螺栓，将驱动电机和减速器分离。

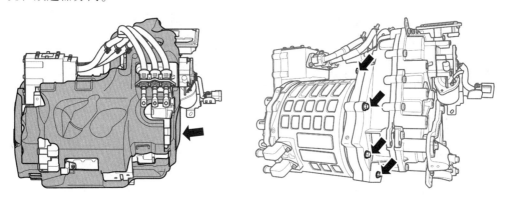

③安装驱动电机，按上述相反的过程进行装配，将驱动电机和减速器组装一起，紧固驱动电机及减速器连接螺栓。

拧紧力矩：23N·m（公制），14.8lb-ft（英制），安装驱动电机隔声罩。

④将动力总成放置在举升平台工具上，缓慢上升举升平台车，紧固动力总成2个固定螺母。

拧紧力矩：90N·m（公制），66.6lb-ft（英制）。

学习任务二

新能源汽车转向沉重故障检修

学习目标

1. 知识目标

(1) 能准确描述转向系统的组成。

(2) 能准确描述转向系统的功用。

2. 技能目标

(1) 能阅读维修手册等技术材料,对转向系统进行检查,并能够独立完成更换工作。

(2) 能阅读维修手册等技术材料,会进行转向系统的调整。

3. 素养目标

(1) 培养正确的劳动态度,弘扬劳动精神、奋斗精神、奉献精神。

(2) 通过了解故障检修流程,具备分析问题和解决问题的能力。

(3) 能在工作结束后按照7S管理规定整理、恢复作业场地,养成良好的工作习惯,展示大国工匠可爱、可信、可敬的形象。

参考学时

40学时。

任务描述

一辆新能源汽车进厂维修,客户反映在汽车制动时感觉制动踏板较硬,制动效果差。经班组长初步检查,诊断为制动系统故障,需要对其进行检修。

学习活动1 转向器的检查与更换

 明确任务

根据任务描述,经过路试和初步检查,怀疑故障是转向器损坏导致的,为确定故障

原因,需要对转向器进行检查与更换,使其恢复正常使用性能。

二 工作准备与计划制订

(一)知识准备

1. 新能源汽车转向系统的组成

新能源汽车转向系统一般由转向操纵机构、转向器和转向传动机构组成。转向系统的形式有多种,但均由上述三个部分组成,不同之处在于转向系统使用的动力能源不同以及转向器的形式不同。

2. 转向系统的作用

驾驶员通过转动转向盘,使转向盘带动转向器的转向传动装置,然后,转向传动机构带动前轮偏转,控制汽车行驶方向。

3. 转向系统类型

按新能源汽车转向系统动力能源的不同,可分为机械转向系统和动力转向系统。

(1)机械转向系统是以驾驶员的体力为转向能源,其中所有的传力件都是机械零件,这种转向系统目前正处于逐步淘汰的趋势。

(2)动力转向系统又可以分为液压助力转向系统、气压助力转向系统和电动助力转向系统,为了使助力更为精确,有的动力转向系统采用微机控制,即电控助力转向系统。

4. 转向器

1)作用

转向器是转向系统的减速传动装置,一般有 1~2 级减速传动副。转向器的功能是将转向盘的转动变为齿条轴的直线运动或转向摇臂的摆动,降低运动速度,增大转向力矩并改变转向力矩的传动方向。

2)类型

在汽车上广泛采用的转向器有齿轮齿条式、循环球式、蜗杆曲柄指销式等几种构造形式。转向器输出端的运动形式有两种:一种是线位移,如齿轮齿条式转向器;另一种是角位移,如循环球式、蜗杆曲柄指销式转向器。

(1)循环球式转向器。

①组成。

循环球式转向器由螺杆螺母传动副、齿条齿扇传动副(或滑块曲柄销传动副)两套传动副组成,如图2-1所示。循环球式转向器与其他形式的转向器相比,在结构上的主要特点是有两级传动副。

第一级传动副是转向螺杆、转向螺母,转向螺母的下平面加工成齿条,与齿扇轴内侧的齿扇相啮合,构成齿条—齿扇第二级传动副。显然,转向螺母既是第一级传动副的从动件,也是第二级传动副的主动件。通过转向盘转动转向螺杆时,转向螺母不能随之转动,而只能沿杆轴向移动,并驱使齿扇轴(即摇臂轴)转动。循环球式转向器工作原理如图 2-2 所示。

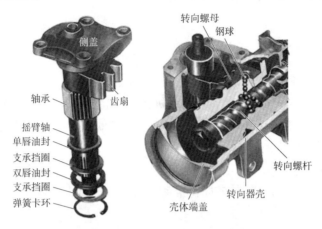

图 2-1　循环球式转向器的结构示意图

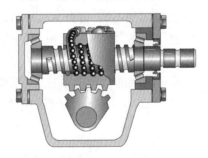

图 2-2　循环球式转向器的工作原理示意图

②工作过程。

当转动转向盘时,转向螺杆也随之转动,通过钢球将作用力传给转向螺母,转向螺母即产生轴向移动,同时,由于摩擦力的作用,所有钢球在转向螺杆与转向螺母之间滚动,形成"球流"。钢球在转向螺母内绕行两周后,流出转向螺母进入导管,再由导管流回转向螺母,随着转向螺母沿转向螺杆作轴向移动,其齿条带动齿扇运动,齿扇带动垂臂轴转动,从而使转向垂臂产生摆动,通过转向传动机构使转向轮偏转完成汽车转向。

(2) 蜗杆曲柄指销式转向器。

①组成。

蜗杆曲柄指销式转向器主要由转向器壳体、转向蜗杆、转向摇臂轴、曲柄和指销、上下盖、调整螺塞和螺钉、侧盖等组成,如图 2-3 所示。

②工作过程。

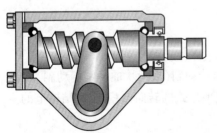

图 2-3　蜗杆曲柄指销式转向器

汽车转向时,驾驶员通过转向盘和转向轴使蜗杆转动(主动件),嵌于螺杆螺旋槽的锥形指销(从动件)一边自转,一边以曲柄为半径绕转向摇臂轴在蜗杆的螺纹槽内做圆弧摆动,并通过转向传动机构,使汽车转向轮偏转,实现汽车转向。

(3)齿轮齿条式转向器。

①组成。

齿轮齿条式转向器主要由转向器壳体、转向齿轮、转向齿条等组成,如图2-4所示。

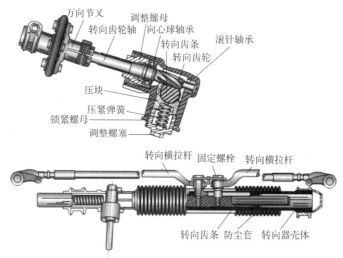

图2-4　齿轮齿条式结构示意图

②工作过程。

转向器通过转向器壳体的两端用螺栓固定在车身(车架)上。转向齿轮轴通过球轴承、圆柱滚子轴承垂直安装在转向器壳体中,其上端与转向轴上的万向节相连,其下端是转向齿轮。转向齿轮是转向器的主动件,与水平布置的从动件转向齿条啮合。齿条背面装有压簧垫块,其作用是将齿条压靠在齿轮上,保证齿轮齿条的啮合无间隙。调整螺塞是用来调整压紧弹簧的预紧力,以消除啮合间隙。

转向齿条的中部通过拉杆支架与左、右转向横拉杆连接。转动转向盘时,转向齿轮转动,与之相啮合的转向齿条沿轴向移动,从而使左、右转向横拉杆带动转向节转动,使转向轮偏转,实现汽车转向。

(二)制订工作方案

1.任务分工(表2-1)

学生任务分配表　　　　　　　　　　　表2-1

班级		组号		指导老师	
组长		任务分工			
组员1		任务分工			

续上表

班级		组号		指导老师	
组员2		任务分工			
组员3		任务分工			
组员4		任务分工			
组员5		任务分工			
组员6		任务分工			

2. 工量具、仪器设备与耗材准备

(1)使用的工量具有:_____。

(2)使用的仪器设备有:_____。

(3)使用的耗材有:_____(如不需要耗材,可省)。

3. 具体方案描述

_____

_____

_____

_____

三 计划实施

课堂思政

在使用举升机之前,我们首先要认识到安全生产的重要性。作为专业技术人员,同学们不仅要掌握专业技能,还要树立正确的安全生产观念,这既是职业素养的体现,也是对生命财产的尊重。

(一)安全注意事项及技能要点

1. 安全注意事项

(1)使用举升机前需检查车辆是否牢固。

(2)常用工具的正确使用。

2. 技能要点

(1)转向系统的基本检查操作。

(2)转向器的拆装装操作。

(二)转向系统的检查

转向系统的检查填写表2-2。

转向系统的检查 表 2-2

序号	步骤	操作方法及说明	质量标准及记录
1			
2			
3			
4			

四、评价反馈

评价反馈填写评价表(表 2-3)。

评价表 表 2-3

评分项目	评分标准	分值(分)	得分
学习目标	能明确本任务的知识、技能、素养目标,理解任务在工作中的重要程度	5	
工作任务分析	能清晰描述本次工作任务内容	5	
	能清晰描述完成本次工作任务需具备的技能与知识点	5	
有效信息获取	能清晰描述转向系统的作用	5	
	能清晰说出转向系统的分类	5	
	能清晰说出转向器的分类	5	
实施方案制订	能清晰地制订并填写转向系统检查与更换的准备作业计划	5	
	能组织或协同工作小组成员,明确本次任务所需仪器设备、工具、材料的准备与清点,并做好记录	5	
	能组织或协同工作小组成员交流,优化检查方案并记录	5	
任务实施	能正确使用举升机	5	
	能正确使用工具拆装	5	
	能正确对转向系统外观进行检查	5	
	能正确对转向器进行进行检查	5	
	能正确使用组合工具安装转向系统	5	
任务评价	能通过本次任务实施,结合自己在实训过程中的表现,进行自我评价及自我反思并记录	5	
职业素养	按规定时间完成项目作业	5	
	遵守实训室管理规定、劳动纪律	5	
	积极参与课堂活动、回答问题	5	
	能够按时出勤	5	

续上表

评分项目	评分标准	分值(分)	得分
思政要求	有正确的劳动态度、弘扬劳动精神、奋斗精神、奉献精神	5	
总计		100	
改进建议：			
		教师签字： 日期：	

学习活动 2 助力电动机及控制线路的检查与更换

一  明确任务

客户反馈转向盘转向沉重，感觉转向盘没有助力。维修技师对车辆进行了路试检查确认车辆存在转向沉重的故障现象，同时对车辆的机械转向系统进行了基础检查，机械转向系统一切正常。怀疑是电动助力转向系统的电动助力转向装置可能存在故障，需要对电动助力转向装置进行故障诊断与排除。

二 工作准备与计划制订

（一）知识准备

电动助力转向系统由动力转向系统和电动助力转向装置组成。电动助力转向装置由转矩传感器、车速传感器、电子控制单元（ECU）、电动机和减速机构组成，如图 2-5 所示。

1. 转矩传感器

转矩传感器是测量驾驶员作用在转向盘上力矩的大小与方向的，有的转矩传感器还能够测量转向盘转角的大小和方向。转矩传感器有接触式与非接触式两种。

（1）接触式转矩传感器。

接触式转矩传感器在转向轴与转向小齿轮

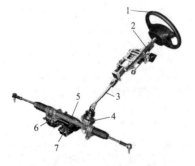

图 2-5 电动助力转向系统的组成
1-转向盘；2-转向柱；3-转向中间轴；4-转矩传感器；5-转向电动机；6-转向器；7-电子控制单元

之间安装了一个扭杆,当转向系统工作时,利用滑环和电位计测量扭杆的变形量并转换为电压信号,通过信号输出端将信号输出并转换得到所产生的转矩。

(2)非接触式转矩传感器。

非接触式转矩传感器中有两对磁极环,如图 2-6 所示,当输入轴与输出轴之间发生相对转动时,磁极环之间的空气间隙发生变化,从而引起电磁感应,产生感应电压,并将电压信号转换为转矩信号。非接触式转矩传感器的优点是体积小、精度高,缺点是成本较高。

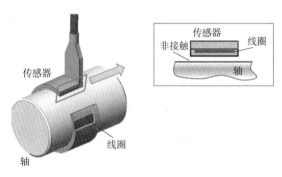

图 2-6 非接触式转矩传感器

如图 2-7 所示为大众速腾转向力矩传感器。其为磁阻式传感器,磁性转子和转向柱连接块为一体,磁阻传感元件和转向小齿轮连接块为一体,当转动方向盘时,转向柱连接块和转向小齿轮连接块反向运动,即磁性转子和磁阻传感元件反向运动,因此,转向力矩的大小可以被测量出来并传递给控制单元。根据不同工作状况的需要,驾驶员作用于转向盘上的力矩大小不同,由该力矩产生的驱动转向小齿轮旋转的力矩大小也不同。转矩传感器根据小齿轮杆的旋转情况,检测出转向力的大小并输送至控制单元,同时转向盘转角传感器将检测到的驾驶员转动转向盘的角度也输送给控制单元,转子传感器将转动速度输送至控制单元,控制单元计算出合适的力矩,控制电动机工作。

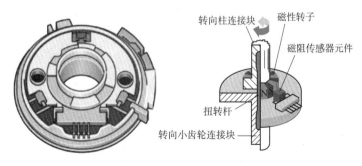

图 2-7 大众速腾转向力矩传感器

2. 电动机

电动机是电动助力转向系统的动力源,其功能是根据电子控制单元的指令输出适当的辅助转矩。目前采用较多的是永磁式直流电动机,分为有刷式和无刷式两种。电动机对电动转向助力系统的性能有很大影响,所以电动转向助力系统对电动机有很高的要求,不仅要求其转矩大、转矩波动小、转动惯量小、尺寸小、质量轻,而且要求其可靠性高、易控制。

3. 工作原理

电动助力转向系统工作原理如图2-8、图2-9所示。

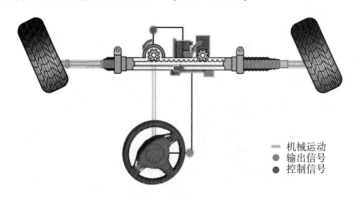

图 2-8　工作原理示意图

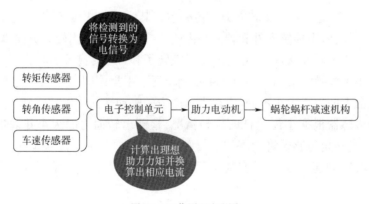

图 2-9　工作原理流程图

(二)制订工作方案

1. 任务分工(表2-4)

学生任务分配表　　　　　　　　　表2-4

班级		组号		指导老师	
组长		任务分工			
组员1		任务分工			
组员2		任务分工			
组员3		任务分工			

续上表

班级		组号		指导老师	
组员4		任务分工			
组员5		任务分工			
组员6		任务分工			

2. 工量具、仪器设备与耗材准备

(1)使用的工量具有：_____。

(2)使用的仪器设备有：_____。

(3)使用的耗材有：_____（如不需要耗材,可省）。

3. 具体方案描述

_____

_____

_____

三、计划实施

课堂思政

通过对电动助力转向系统部件的检查，可以培养学生的责任感、严谨的工作态度和对技术的敬畏之心，这是社会主义核心价值观在专业学习中的具体体现。

(一)安全注意事项及技能要点

1. 安全注意事项

(1)检查电动控制装置。

(2)需检查车辆是否牢固。

2. 技能要点

(1)检查转向液液位。

(2)检查接插件及线束。

(3)检查传感器。

(4)检查控制单元。

(5)车轮定位仪操作。

(二)助力电动机及控制线路的检查与更换

助力电动机及控制线路的检查与更换见表2-5。

助力电动机及控制线路的检查与更换　　　　　　　　　　表 2-5

步骤	操作方法及说明	质量标准及记录
1. 准备工作	(1) 安装防护套。 (2) 将车辆停放在专用检测台上,并确认车辆为空载状态。 (3) 转向盘转至直线行驶位置。 (4) 确认各车轮停放在转向盘中心位置	□正确安装防护套 □正确调整车辆状态 □正确使用举升设备
2. 控制单元的检查与诊断	(1) 查阅维修手册,使用故障诊断仪连接对应针脚检查控制单元。 (2) 同时观察组合仪表灯光是否不断闪烁	□正确查阅维修手册 □正确使用诊断仪
3. 传感器的检查与测量	(1) 使用万用表测量转速传感器的电阻。 (2) 使用万用表测量转速传感器的电压。 (3) 使用万用表测量扭矩传感器的电阻。 (4) 使用万用表测量电压	□正确查阅维修手册 □正确使用万用表: 传感器供电电压标准值约为 5V 左右; 传感器转矩信号 1、2 电路自检电压标准值约为 5V 左右; 传感器转角信号 1、2 电路自检电压标准值约为 5V 左右; 传感器搭铁 1、2 电路电阻标准值应小于 1Ω
4. 结束	车辆复位,清洁工作场地	

四 评价反馈

评价反馈填写评价表(表 2-6)。

评价表　　　　　　　　　　表 2-6

评分项目	评分标准	分值(分)	得分
学习目标	能明确本任务的知识、技能、素养目标,理解任务在工作中的重要程度	5	
工作任务分析	能清晰描述本次工作任务内容	5	
	能清晰描述完成本次工作任务需具备的技能与知识点	5	
有效信息获取	能清晰说出电动助力转向系统的定义	5	
	能清晰说出电动助力转向系统的组成	5	
	能掌握传感器检测的方法	5	

续上表

评分项目	评分标准	分值(分)	得分
实施方案制订	能清晰地制订并填写助力电动机及控制线路的检查与更换的准备作业计划	5	
	能组织或协同工作小组成员,明确本次任务所需仪器设备、工具、材料的准备与清点,并做好记录	5	
	能组织或协同工作小组成员交流,优化检查方案并记录	5	
任务实施	能正确安装防护套、调整车辆状态	5	
	能正确检查转向系统情况	6	
	能正确使用诊断仪	6	
	能正确输入客户资料和车辆信息	5	
	能正确分析不符合规定的车轮电压、电阻数据	6	
	能正确对不合格项逐项进行检修	6	
任务评价	能通过本次任务实施,结合自己在实训过程中的表现,进行自我评价及自我反思并记录	5	
职业素养	按规定时间完成项目作业	5	
	遵守实训室管理规定、劳动纪律	2	
	积极参与课堂活动、回答问题	2	
	能够按时出勤	2	
思政要求	有正确的劳动态度,弘扬劳动精神、奋斗精神、奉献精神	5	
总计		100	

改进建议:

教师签字:
日期:

学习活动 3 转向传动系统部件的检查与更换

一、明确任务

根据任务描述,一客户到店,反映其车辆在转向时有异响,且在转动转向盘后车辆转向反馈有滞后现象。维修技师在对转向拉杆和转向器进行基本检查并确认无异常之后,将故障锁定在转向操纵机构上。请你根据所学知识对转向操纵机构进行检测维修。

二、工作准备与计划制订

(一)知识准备

(1)定义。

①转向操纵机构是驾驶员操纵车辆实现转向工作的装置。它的作用是将驾驶员转动转向盘(图2-10)的操纵力传给转向器。

转向操纵机构如图2-11所示,基本组成主要有转向轴、转向柱管及其吸能装置、万向节(图2-12)。

图2-10 转向盘　　　　　图2-11 转向操纵机构

②转向传动机构是将转向器输出的力和运动传到转向桥,两侧的转向节使两转向轮偏转角按一定关系变化,保证汽车转向时车轮与地面的相对滑动尽可能小。转向传动机构如图2-13所示,其基本组成主要包括转向横拉杆、转向球头和转向节。

按转向器位置和转向轮悬架类型,转向传动机构可分非独立悬架转向传动机构和独立悬架转向传动机构。

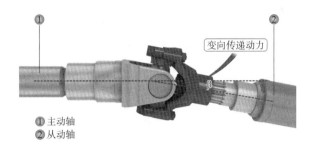

① 主动轴
② 从动轴

图 2-12 万向节

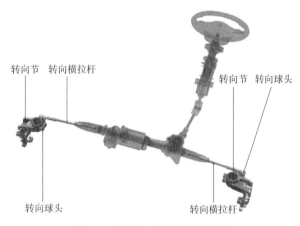

图 2-13 转向传动机构的基本组成

(二) 制订工作方案

1. 任务分工(表 2-7)

学生任务分配表　　　　　　　　　　　表 2-7

班级		组号		指导老师	
组长		任务分工			
组员1		任务分工			
组员2		任务分工			
组员3		任务分工			
组员4		任务分工			
组员5		任务分工			
组员6		任务分工			

2. 工量具、仪器设备与耗材准备

(1)使用的工量具有：_____。

(2)使用的仪器设备有：_____。

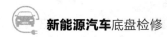

(3)使用的耗材有:_____(如不需要耗材,可省)。

3. 具体方案描述

_____
_____
_____
_____

三、计划实施

课堂思政

转向传动机构和转向操纵机构是汽车的重要组成部分,它们直接关系到车辆的操控性能和驾驶安全。这要求同学们严格遵守操作规程,树立规范作业的意识。在检修过程中,要注意环保,合理使用和处置废旧部件等,在拆装和检修工作中,鼓励同学们相互协作,共同解决问题,培养团队精神。

(一)安全注意事项及技能要点

1. 安全注意事项

(1)使用举升机需检查车辆是否牢固。

(2)正确选用工具。

2. 技能要点

(1)能正确说出转向操纵机构和转向传动机构的组成及各组成部分的功用。

(2)能分析转向操纵机构、转向传动机构常见损伤的原因及检修方法。

(3)掌握转向操纵机构的拆装与检查要点,并规范地完成实训操作。

(二)转向传动系统部件的检查与更换

转向传动系统部件的检查与更换见表2-8。

表2-8 转向传动系统部件的检查与更换

步骤	操作方法及说明	质量标准及记录
1 准备工作	(1)安装防护套。 (2)将车辆停放在专用检测台上,并确认车辆为空载状态。 (3)转向盘转至直线行驶位置。 (4)确认各车轮停放在转向盘中心位置	□正确安装防护套 □正确调整车辆状态 □正确使用举升设备

续上表

步骤	操作方法及说明	质量标准及记录
2.检查转向管柱转向轴	(1)举升车辆,一人坐在驾驶室里转动转向盘,一人在车下观察。 (2)驾驶员转动转向盘的同时通过观察和触摸的方式查看转向轴和转向管柱。 (3)车下人员检查连接到转向器的传动轴	□以观察和触摸的方式查看转向轴和转向管柱是否有凹曲变形 □是否听到异响
3.检查转向盘与转向轴连接情况	(1)驾驶员双手握住转向盘,径向和轴向用力摇动转向盘。 (2)观察转向盘与转向轴连接是否松旷	□转向盘与转向轴连接是否松旷 □是否需要按规定力矩进行紧固、调整
4.检查转向拉杆球头连接处	检查转向拉杆球头连接处是否松旷	□连接处是否需要调整 □连接处是否需要添加润滑脂
5.检查纵、横拉杆球头连接部位	使用专用工具拆下转向横拉杆和转向节,将球头销转动几次后,检查螺母的预紧力	□更换新的横拉杆球头
6.检查转向拉杆	测量前束值,方法是:顶起车辆前桥后将转向盘回正,保证车轮为直线行驶状态。在两前轮中央标记两点,用卷尺测量两点之间的水平距离,记作 A。将两前轮旋转180°,测相同两点的距离,记作 B。用 $B-A$,得出的值为负值则说明前束值不准,需要调整	□调整前束
7.结束	车辆复位,清洁工作场地	

四 评价反馈

评价反馈填写评价表(表2-9)。

评价表　　　　　　　　　　　　　　　　　表2-9

评分项目	评分标准	分值(分)	得分
学习目标	能明确本任务的知识、技能、素养目标,理解任务在工作中的重要程度	5	
工作任务分析	能清晰描述本次工作任务内容	5	
	能清晰描述完成本次工作任务需具备的技能与知识点	5	
有效信息获取	能清晰说出转向操纵机构的定义	5	
	能清晰说出转向传动机构的定义	5	

续上表

评分项目	评分标准	分值(分)	得分
实施方案制订	能清晰地制订并填写转向传动、操纵机构的准备作业计划	5	
	能组织或协同工作小组成员,明确本次任务所需仪器设备、工具、材料的准备与清点,并做好记录	5	
	能组织或协同工作小组成员交流,优化检查方案并记录	5	
任务实施	能正确安装防护套、使用举升机、调整车辆状态	5	
	能正确检查转向盘情况	5	
	能正确对横拉杆、球头以及防尘套进行检查	5	
	能正确调整前轮前束	5	
	能正确输入客户资料和车辆信息	5	
	能正确分析不符合规定的前束数据	5	
	能正确对不合格项逐项进行调试	5	
任务评价	能通过本次任务实施,结合自己在实训过程中的表现,进行自我评价及自我反思并记录	5	
职业素养	按规定时间完成项目作业	5	
	遵守实训室管理规定、劳动纪律	3	
	积极参与课堂活动、回答问题	4	
	能够按时出勤	3	
思政要求	有正确的劳动态度,弘扬劳动精神、奋斗精神、奉献精神	5	
总计		100	

改进建议:

教师签字:

日期:

习题

一、单选题

1. 机械转向系统由( )组成。

    A. 转向操纵机构和转向传动机构

    B. 转向操纵机构和转向器

    C. 转向操纵机构、转向器和转向传动机构

    D. 转向器和转向传动机构

2. 转向操纵机构由( )等组成。
   A. 转向盘、转向轴、万向节、转向器
   B. 转向盘、转向轴、万向节
   C. 转向盘、转向轴、转向器
   D. 转向轴、万向节、转向器

3. 转向操纵机构拆卸后需重新进行( )定位并检查转向盘自由行程。
   A. 一轮　　　　B. 二轮　　　　C. 三轮　　　　D. 四轮

4. 汽车转向系统按动力能源可分为( )。
   A. 机械和助力　　　　　　　B. 机械和助力式
   C. 动能和助力式　　　　　　D. 动能和机械

5. 汽车转向系统的功能是( )汽车的行驶方向。
   A. 保持　　　　　　　　　　B. 改变
   C. 保持和改变　　　　　　　D. 保持或改变

6. 动力转向装置工作时,转向轮偏角增大时,动力缸内的油压( )。
   A. 增大　　　　B. 减小　　　　C. 不变　　　　D. 可能减小

7. 汽车转向盘不稳的原因不可能是由( )造成。
   A. 转向机蜗杆轴承装配过紧
   B. 前束过大
   C. 横直拉杆球节磨损松动
   D. 转向节主销与铜套磨损严重,配合间隙过大

8. 当汽车直线行驶时,左右转动转向盘,汽车进行转向动作反应过慢,行驶过程中转向系统有异响,转动转向盘的自由量程超过( ),行驶过程中感觉发"飘"。
   A. 10°　　　　B. 20°　　　　C. 30°　　　　D. 40°

9. 蜗杆曲柄指销式转向器的传动副是( )。
   A. 蜗杆　　　　B. 指销　　　　C. 蜗杆和指销　　　　D. 蜗杆或指销

10. 有些汽车采用独立悬架,所以转向梯形机构中的横拉杆应做成( )。
    A. 断开式　　　　B. 整体式　　　　C. 组合式　　　　D. 以上都不对

11. 转向传动机构主要包括( )。
    A. 转向摇臂、转向直拉杆、转向横拉杆和转向梯形
    B. 转向摇臂、转向横拉杆和转向梯形
    C. 转向摇臂、转向直拉杆和转向梯形
    D. 转向直拉杆、转向横拉杆和转向梯形

12. 转向传动机构的( )。
    A. 组成或布置形式　　　　　B. 组成
    C. 组成和布置形式　　　　　D. 布置形式

13. 转向传动机构属于( )。

A. 转向机构 B. 传力机构
C. 转动机构 D. 动力机构

14. 转向传动机构拆卸后需重新进行（　　）定位并对转向角度和扭矩进行标定。
　　A. 一轮　　　B. 二轮　　　C. 三轮　　　D. 四轮

15. 转向传动机构的常见故障主要是（　　）。
　　A. 转向沉重、转向盘自由行程过大和汽车前轮摆振
　　B. 转向盘自由行程过大和汽车前轮摆振
　　C. 转向沉重和汽车前轮摆振
　　D. 转向沉重和方向盘自由行程过大

16. 液压助力装置工作时（　　），而且能吸收来自不平路面的冲击。
　　A. 工作滞后时间短　　　　B. 无噪声
　　C. 无噪声和工作滞后时间短　　D. 噪声大且滞后时间长

17. 电动助力转向装置是利用（　　）电动机为驱动能源的转向助力装置。
　　A. 交流或直流　B. 交流和直流　C. 交流　　　D. 直流

18. 液压助力转向装置主要由（　　）组成。
　　A. 液压助力器、转向油泵、转向控制阀及管路
　　B. 液压助力器、储油罐、转向油泵、转向控制阀及管路
　　C. 液压助力器、储油罐、转向控制阀及管路
　　D. 液压助力器、储油罐、转向油泵及管路

19. 对于液压助力转向装置而言，不管是否转向，油泵始终处于（　　）。
　　A. 稳定状态　B. 工作状态　C. 休息状态　D. 忙碌状态

20. 助力电机中的电动机具有（　　）等特点。
　　A. 无励磁损耗和效率较高
　　B. 无励磁损耗和体积较小
　　C. 无励磁损耗、效率较高和体积较小
　　D. 无效率较高和体积较小

二、判断题

1. 转向器是转向系统的增速降矩传动装置。（　　）
2. 汽车转向行驶时，驾驶员根据汽车所需改变的行驶方向转动转向盘。（　　）
3. 动力转向系统借助液压动力或电动助力动力实现转向。（　　）
4. 机械转向系统以驾驶员的体力为转向能源，其所有传力件都是机械的。（　　）
5. 动力转向系统是在机械转向系统的基础上加设一套转向加力装置而形成的。
（　　）
6. 转向操纵机构是指从转向盘开始至转向器之间的部件。（　　）
7. 传统的机械转向系统由于轮胎和地面的反作用力直接传递到转向盘上，所以在扳动转向盘的时候很费力。（　　）

8. 转向盘外部是由成型的金属骨架构成。( )
9. 机械转向系统不完全依靠驾驶员体力操纵。( )
10. 在正常情况下,汽车转向所需的能量只有大部分由驾驶员提供,而小部分能量由发动机(或电动机)通过转向加力装置提供。( )
11. 当转向轮独立悬架时,转向传动机构中的转向梯形不必断开。( )
12. 转向传动机构属于传力机构,它连接转向器和前轮。( )
13. 转向传动机构的组成和布置形式,因转向器位置和转向轮悬架类型不同而不同。( )
14. 当转向轮独立悬架时,每个转向轮分别相对于车架作独立运动,因而转向桥必须是断开式的。( )
15. 转向横拉杆是汽车转向机构中的重要零件,它直接影响汽车操纵的稳定性、运行的安全性和轮胎的使用寿命。( )
16. 转向横拉杆位于转向桥上与左右转向梯形臂和前轴,组成转向梯形。( )
17. 内拉杆的内端球头与齿条外端预留的球形孔形成配合副,两者通过铰接螺栓连接在一起。( )
18. 转向横拉杆分左、右两根,两根的结构完全不一样。( )
19. 内拉杆可以在齿条外端预留的球形孔内做许多的摆动。( )
20. 横拉杆球头旋装到外拉杆上后,无须通过锁紧螺母锁紧。( )

三、实操练习题

1. 前轮前束的调整。
2. 转向盘自由行程的调整。

学习任务三

新能源汽车制动无力故障检修

学习目标

1. 知识目标

(1) 能描述汽车制动系统制动无力的故障现象。

(2) 能说出汽车制动系统的结构。

(3) 能叙述汽车制动系统的工作原理。

2. 技能目标

(1) 能掌握制动系统故障的检修流程。

(2) 能熟练地对制动系统中制动踏板自由行程进行检查与调整。

(3) 能熟练地对制动系统中传感器进行检查与更换。

(4) 能熟练地对制动系统中 ABS(防抱死制动系统)泵及阀体进行检查与更换。

(5) 能熟练地对制动系统中制动液进行检查与更换。

(6) 能熟练地对制动系统中制动管路进行检查与更换。

(7) 能熟练地对制动系统中制动盘进行检查与更换。

(8) 能熟练地对制动系统中制动片进行检查与更换。

(9) 能熟练地对制动系统中制动主缸进行检查与更换。

(10) 能熟练地对制动系统中真空助力装置进行检查与更换。

3. 素养目标

(1) 增强学生的专业信心和民族自豪感,鼓励学生立志为我国新能源汽车行业发展而努力。

(2) 创建团结互助、积极向上的工作氛围,养成忠于职守、乐学善学的事业精神和勤勤恳恳、一丝不苟的奉献精神。

(3) 培养学生不畏困难、吃苦耐劳、专注的职业修养。

 参考学时

60 学时。

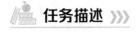 任务描述

一辆新能源汽车进厂维修,客户反映在汽车制动时感觉制动踏板较硬,制动效果

差。经班组长初步检查,诊断为制动系统故障,需要对其进行检修。

学习活动1 制动踏板自由行程的检查与调整

一、明确任务

根据任务描述,一辆新能源汽车进厂维修,客户反映在汽车制动时感觉制动踏板较硬,制动效果差。经班组长初步检查,诊断为制动踏板自由行程故障,需要对制动踏板的自由行程进行检查与调整,使其恢复正常使用性能。

二、工作准备与计划制订

纯电动汽车制动踏板
位置传感器工作原理

(一)知识准备

1. 制动踏板的作用

制动踏板,顾名思义就是限制汽车动力的踏板,即行车制动器的踏板。制动踏板用于减速停车,驾驶员对其掌控如何将直接影响着汽车驾驶安全。

2. 安装位置

对于自动挡汽车而言,制动踏板位于转向盘下方,靠近驾驶员的脚部区域。而手动挡汽车则有三个踏板,制动踏板则位于中间位置,左侧是离合器踏板,右侧是加速踏板,如图3-1所示。

a) 自动挡汽车制动踏板位置

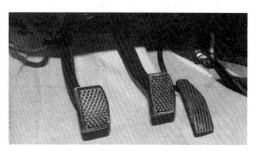
b) 手动挡汽车制动踏板位置

图3-1 汽车制动踏板位置

3. 分类

制动踏板主要分为两种功能:行车制动和紧急制动。

(1)行车制动是指在车辆行驶过程中,驾驶员轻轻踩下制动踏板,从而使车辆减速或停止行驶。这种制动方式通过适度施加制动力来实现,并且根据施加在踏板的力度大小可以调整车辆的减速程度。

（2）紧急制动是指在高速行驶中,当驾驶员面临突发情况时,需要迅速停车的紧急情况下使用的制动方式。这时驾驶员会用力踩下制动踏板,以便在最短时间、最短距离内让车辆完全停止。紧急制动的目的是为了保障驾驶员和车辆乘员的安全,以及避免潜在的事故发生。

制动踏板在汽车行驶中扮演着至关重要的角色,它通过控制车辆的制动系统来实现制动功能。当驾驶员踩下制动踏板时,制动系统将通过液压传递力量,使制动盘与制动片之间摩擦产生阻力,从而减缓车轮的旋转速度。

4. 制动踏板自由行程

（1）制动踏板自由行程的作用。

制动踏板自由行程是为了防止制动片和制动盘压得太紧而过热,使制动失灵而设置的功能。

（2）制动踏板的自由行程。

制动踏板自由行程是指制动踏板在自由状态最高位置,踏下制动踏板感到有阻力为止时,制动踏板所移动的距离。制动踏板自由行程是制动器间隙和制动力传动机构间隙的总体反映,如图3-2所示。

液压制动的踏板自由行程一般在15～20mm,在调整时应按车型规定的数值进行。制动踏板的自由行程大小直接影响制动时间和制动距离。因此,车辆出厂前一定要检查制动踏板的自由行程是否合适。

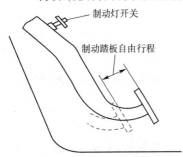

图3-2 制动踏板自由行程

（二）制订工作方案

1. 任务分工（表3-1）

学生任务分配表　　　　　　　表3-1

班级		组号		指导老师	
组长			任务分工		
组员1			任务分工		
组员2			任务分工		
组员3			任务分工		
组员4			任务分工		
组员5			任务分工		
组员6			任务分工		

2. 工量具、仪器设备与耗材准备
(1)使用的工量具有：_____。
(2)使用的仪器设备有：_____。
(3)使用的耗材有：_____。
3. 具体方案描述

_____
_____
_____
_____

三 计划实施

课堂思政

制动踏板的各部件相互配合、传递运动,实时将制动力施加在车轮上,让汽车能够正常减速、停车,它们共同协作配合才能完成制动任务,凸显出团结就是力量。同学们在实训中也要团结协作,共同探讨、解决实训中遇到的问题,提升对专业技术的掌握能力。

(一)安全注意事项及技能要点

1. 安全注意事项
(1)正确、规范地使用举升机。
(2)取转轴锁簧时防止锁簧飞出伤人。

2. 技能要点
(1)制动踏板自然状态下的高度测量。
(2)制动踏板施加阻力状态下的高度测量。
(3)制动踏板高度的调节。

(二)制动踏板自由行程的检查与调整

1. 制动踏板自由行程的检查(表3-2)

制动踏板自由行程的检查操作方法及说明　　　　　　　表3-2

步骤	操作方法及说明	质量标准及记录
制动踏板自由行程的检查	(1)对车辆进行必要防护。 (2)踩踏制动踏板数次。 (3)使用直板尺测量制动踏板"自然"高度。	□做好车辆防护 □正确使用直板尺

续上表

步骤	操作方法及说明	质量标准及记录
制动踏板自由行程的检查	 (4)使用直板尺测量制动踏板"临界"高度。 (5)计算制动踏板自由行程。 (6)整理和复位。	□准确测量数据 □正确判断制动踏板自由行程是否正常 □按5S要求整理

2. 制动踏板自由行程的调整(表3-3)

制动踏板自由行程的调整操作方法及说明　　　　　表3-3

步骤	操作方法及说明	质量标准及记录
制动踏板自由行程的调整	(1)对车辆进行必要防护。 (2)检查制动片的磨损情况。 (3)检查制动管路中空气的存留情况。 (4)取下转向盘下方的保护罩。 (5)拔下制动灯开关插头,取下制动灯开关。 (6)检查制动灯开关与制动踏板接触部位的磨损情况。 (7)用尖嘴钳拆下推杆与制动踏板间的转轴锁簧,取出转轴。 (8)使用开口扳手拧松制动主缸推杆上的锁紧螺母。拧进或拧出推杆进行调整,使制动踏板高度达到标准值。 调整点 锁止螺母 推杆	□做好车辆防护 □正确判断制动片的磨损 □正确判断制动管路中的空气情况 □正确判断制动灯开关的磨损情况 □正确调整制动踏板高度 □正确判断制动踏板自由行程是否正常

续上表

步骤	操作方法及说明	质量标准及记录
制动踏板自由行程的调整	（9）装上锁紧锁簧并锁紧。 （10）装上制动灯开关，直到柱塞被完全压住，使得螺纹端与衬垫之间产生适当的间隙。 （11）再拧紧锁紧螺母，接上制动开关插头。 （12）松开制动踏板后确认制动灯熄灭。 （13）调整完毕后，安装转向盘下方的保护罩。 （14）整理和复位	□按5S要求整理

四、评价反馈

评价反馈填写评价表（表3-4）。

评价表   表3-4

评分项目	评分标准	分值（分）	得分
学习目标	能明确本任务的知识、技能、素养目标，理解任务在工作中的重要程度	5	
工作任务分析	能清晰描述本次工作任务内容	2	
	能清晰描述完成本次工作任务需具备的技能与知识点	2	
有效信息获取	能查资料获取制动踏板的作用	2	
	能就车找到制动踏板的安装位置	2	
	能查资料获取制动踏板的分类	2	
	能查资料获取制动踏板的自由行程数值	2	
实施方案制订	能清晰地制订并填写本次制动踏板自由行程的检查与调整的准备作业计划	5	
	能组织或协同工作小组成员，明确本次任务所需仪器设备、工具、材料的准备与清点，并做好记录	5	
	能组织或协同工作小组成员交流，优化检查方案并记录	5	
任务实施	能做好车辆防护	2	
	踩踏制动踏板数次	3	
	能使用直板尺测量制动踏板"自然"高度	3	
	能使用直板尺测量制动踏板"临界"高度	3	
	能计算制动踏板自由行程	3	
	能对车辆进行必要防护	3	

续上表

评分项目	评分标准	分值(分)	得分
任务实施	能检查制动片的磨损情况	3	
	能检查制动管路中空气的存留情况	3	
	能取下转向盘下方的保护罩	2	
	能拔下制动灯开关插头,取下制动灯开关	2	
	能检查制动灯开关与制动踏板接触部位的磨损情况	3	
	能取出转轴	2	
	能调整踏板高度达到标准值	3	
	能装上锁紧锁簧并锁紧	3	
	能装上制动灯开关,调整螺丝端与衬垫之间的间隙	3	
	能接上制动开关插头	3	
	能检查确认制动灯	3	
	能安装转向盘下方的保护罩	3	
	能完成整理和复位	2	
任务评价	能通过本次任务实施,结合自己在实训过程中的表现,进行自我评价及自我反思并记录	3	
职业素养	按规定时间完成项目作业	2	
	遵守实训室管理规定、劳动纪律	2	
	积极参与课堂活动、回答问题	2	
	能够按时出勤	2	
思政要求	具有团结、包容、不畏困难、吃苦耐劳、专注的职业修养,树立远大理想,根植爱国主义情怀	5	
	总计	100	

改进建议:

教师签字:
日期:

学习活动 2　传感器的检查与更换

一、明确任务

根据任务描述,一辆新能源汽车进厂维修,客户反映在汽车制动时感觉制动踏板较硬,制动效果差。经班组长初步检查,诊断为制动传感器故障,需要对传感器部件进行检查与更换,使其恢复正常使用性能。

二、工作准备与计划制订

(一)知识准备

1.轮速传感器

(1)分类及特点。

一般来说,所有的转速传感器都可以作为轮速传感器,但是考虑到车轮的工作环境以及空间大小等实际因素,常用的轮速传感器主要有:磁电式轮速传感器、霍尔式轮速传感器。

①磁电式轮速传感器。

磁电式轮速传感器是利用电磁感应原理设计的,其主要部件如图 3-3 所示。

磁电式轮速传感器具有结构简单、成本低、不怕泥污等特点,在现代轿车的 ABS(防抱死制动系统)中得到广泛应用。

但是磁电式轮速传感器也有一些缺点,例如频率响应不高,当车速过高时,传感器的频率响应跟不上,容易产生误信号;抗电磁波干扰能力差,尤其是当输出信号振幅值较小时。

②霍尔式轮速传感器。

霍尔式轮速传感器利用霍尔效应原理制成。霍尔式轮速传感器在汽车上也获得了较多应用,其主要部件如图 3-4 所示。

图 3-3　磁电式轮速传感器

图 3-4　霍尔式轮速传感器

霍尔式轮速传感器具有如下特点：输出信号电压振幅值不受转速的影响，频率响应高，抗电磁波干扰能力强。

（2）结构原理。

①磁电式轮速传感器

磁电式轮速传感器一般由磁感应传感头和齿圈组成。传感头由永久磁铁、极轴、感应线圈等组成。齿圈是一个运动部件，一般安装在轮毂上或轮轴上与车轮一起旋转。轮速传感头是一个静止部件，传感头磁极与齿圈的端面有一定间隙。

汽车轮速传感器通常安装在车轮处，但在有些车型上则设置在主减速器或变速器中。磁电式轮速传感器安装如图3-5所示。

图3-5　磁电式轮速传感器安装图

极轴根据形状的不同分为凿式、柱式、菱形三种类型，如图3-6所示。不同形状的传感头相对于齿圈的安装方式也不同。菱形极轴轮速传感器头一般径向垂直于齿圈安装，凿式极轴轮速传感器头轴向相切于齿圈安装，柱式极轴轮速传感器头轴向垂直于齿圈安装。安装时应牢固，为避免水、灰尘对传感器工作的影响，在安装前须对传感器加注润滑脂。

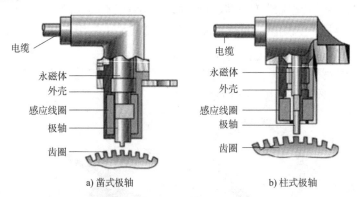

a) 凿式极轴　　　　b) 柱式极轴

图3-6　磁电式轮速传感器极轴形状

磁力线从磁芯的一极出来，穿过齿圈和空气，返回到磁芯的另一极。由于传感器的线圈圈绕在磁芯上，因此，这些磁力线也会穿过线圈。当车轮旋转时，与车轮同步的齿圈(转子)随之旋转,齿圈上的齿和间隙依次快速经过传感器的磁场,其结果是改变了磁路的磁阻,从而导致线圈中感应电势发生变化,产生一定幅值、频率的电势脉冲。脉冲的频率,即每秒钟产生的脉冲个数,反映了车轮旋转的快慢。磁电式轮速传感器原理如图3-7所示。

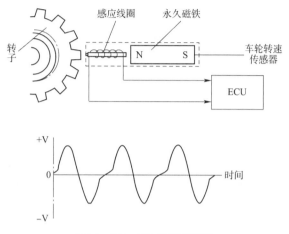

图3-7 磁电式轮速传感器原理

②霍尔式轮速传感器

霍尔式轮速传感器由传感头和齿圈组成。传感头由永磁体、霍尔元件和电子电路等组成,如图3-8所示。

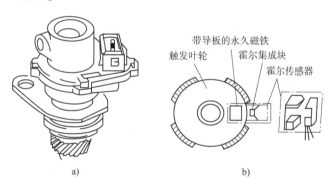

图3-8 霍尔式轮速传感器结构

霍尔式轮速传感器利用霍尔效应原理,即在半导体薄片的两端通以控制电流,在薄片的垂直方向上施加磁场强度为 B 的磁场,则在薄片的另两端便会产生一个大小与控制电流、磁感应强度 B 的乘积成正比的电势,这就是霍尔电势。

用霍尔元件作为汽车的轮速传感器时,多采用磁感应强度 B 作为输入信号,通过磁感应强度 B 随轮速变化,产生霍尔电势脉冲,经霍尔集成电路内部的放大、整形、功放后,向外输出脉冲序列,其占空比随转盘的角速度变化。齿盘的转动交替改变磁阻,引起磁感应强度变化,即可测取传感器输出的霍尔电势脉冲。

如图3-9所示,永磁体的磁力线穿过霍尔元件通向齿轮,齿轮相当于一个集磁器。

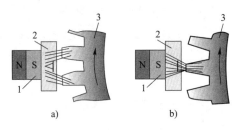

图 3-9　霍尔式轮速传感器原理图
1—南极；2—霍尔电路；3—齿圈

当齿轮位于图 3-9a) 所示位置时，穿过霍尔元件的磁力线分散，磁场相对较弱。

当齿轮位于图 3-9b) 所示位置时，穿过霍尔元件的磁力线集中，磁场相对较强。

齿轮转动时，使得穿过霍尔元件的磁力线密度发生变化，因而引起霍尔电压的变化，霍尔元件将输出一个 mV 级的准正弦波电压，此信号再经过电子电路转换成标准的脉冲电压。脉冲的频率，即每秒钟产生的脉冲个数，反映了车轮旋转的快慢，通过脉冲的频率即可得知车轮转速。

2. 制动踏板位置传感器

(1) 制动踏板位置传感器的作用。

制动踏板位置传感器是一种能够感知制动踏板力量大小的电子装置。当驾驶员踩下制动踏板时，传感器会感知到力量的大小，进而向汽车控制单元发送信号，以控制制动系统的运作。

(2) 制动踏板位置传感器的类型。

目前市场上常见的制动踏板位置传感器有两种类型：电阻式和压电式。

①电阻式传感器：该种传感器使用电阻来感知制动踏板的力量大小，电阻的值会随着踏板力量变化而变化，进而控制制动系统。

②压电式传感器：该种传感器使用压电材料来感知制动踏板的力量大小，压电材料会因为受到力量而产生电荷，进而控制制动系统。

(二) 制订工作方案

1. 任务分工 (表 3-5)

学生任务分配表　　　　　　　　　　表 3-5

班级		组号		指导老师	
组长		任务分工			
组员 1		任务分工			
组员 2		任务分工			
组员 3		任务分工			

续上表

班级		组号		指导老师	
组员4		任务分工			
组员5		任务分工			
组员6		任务分工			

2. 工量具、仪器设备与耗材准备

(1)使用的工量具有：_____。

(2)使用的仪器设备有：_____。

(3)使用的耗材有：_____。

3. 具体方案描述

_____
_____
_____
_____

三 计划实施

课堂思政

轮速传感器，实时将车轮转速信号传递给 ABS ECU，根据转速信号计算出每个车轮与行驶路面的滑移，从而识别车轮的抱死倾向，它们共同协作配合才能完成制动任务，凸显出团结就是力量。同学们在实训中也要团结协作，共同探讨、解决实训中遇到的问题，提升对专业技术的掌握能力。

(一)安全注意事项及技能要点

1. 安全注意事项

正确、规范地使用举升机。

2. 技能要点

(1)轮速传感器的检测。

(2)制动踏板位置传感器的检测。

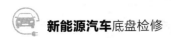

(二)轮速传感器、制动踏板位置传感器的检查与更换

1. 轮速传感器的检查与更换(表3-6)

轮速传感器的检查与更换操作方法及说明　　　　　　表3-6

步骤	操作方法及说明	质量标准及记录
轮速传感器的检查与更换	(1)对车辆进行必要防护。 (2)拉紧驻车制动器操纵杆,并将变速器置于空挡位置。 (3)拆卸车轮。 (4)用举升机升起车辆。 (5)清理传感器头部附近的泥土。 (6)拆下传感器定位螺栓,拔下传感器。 (7)检查轮速传感器的电阻值。 (8)进一步清理齿圈及安装位置的脏污。 (9)将正常的传感器按压到位。 (10)固定好线束。 (11)重新安装好轮胎和车轮等装置,并且放下汽车。 (12)试车检查。 (13)整理和复位	□做好车辆防护 □正确使用举升机 □正确使用万用表 □正确判断电阻值 □正确判断电阻值 □按5S要求整理

2. 制动踏板位置传感器的检查与更换(表3-7)

制动踏板位置传感器的检查与更换操作方法及说明　　　　表3-7

步骤	操作方法及说明	质量标准及记录
制动踏板位置传感器的检查与更换	(1)对车辆进行必要防护。 (2)拉紧驻车制动器操纵杆,并将变速器置于空挡位置。 (3)连接诊断设备,选择对应的车型和年份。 (4)读取制动踏板位置传感器的故障码。 (5)拆卸制动踏板位置传感器。 (6)拆卸制动踏板位置传感器电线接头。 (7)将新制动踏板位置传感器固定在车辆上。 (8)将电线接头连接到新传感器上,确保连接牢固并无松动。 (9)固定好线束。 (10)读取制动踏板位置传感器的故障码。 (11)整理和复位	□做好车辆防护 □正确使用诊断设备 □正确拆卸制动踏板位置传感器 □正确使用诊断设备 □按5S要求整理

四、评价反馈

评价反馈填写评价表(表3-8)。

评价表

表 3-8

评分项目	评分标准	分值(分)	得分
学习目标	能明确本任务的知识、技能、素养目标,理解任务在工作中的重要程度	5	
工作任务分析	能清晰描述本次工作任务内容	2	
	能清晰描述完成本次工作任务需具备的技能与知识点	2	
有效信息获取	能查资料获取轮速传感器分类及特点	2	
	能查资料获取轮速传感器结构原理	2	
	能查资料获取制动踏板传感器的作用	2	
	能查资料获取制动踏板传感器的类型	2	
实施方案制订	能清晰地制订并填写本次传感器检查与更换的准备作业计划	5	
	能组织或协同工作小组成员,明确本次任务所需仪器设备、工具、材料的准备与清点,并做好记录	5	
	能组织或协同工作小组成员交流,优化检查方案并记录	5	
任务实施	能做好车辆防护	3	
	能拉紧驻车制动器操纵杆,并将变速器置于空挡位置	2	
	能拆卸车轮	2	
	能用举升机升起车辆	3	
	能清理传感器头部附近的泥土	3	
	能拆下传感器定位螺栓,拔下传感器	2	
	能检查轮速传感器的电阻值	3	
	能进一步清理齿圈及安装位置的脏污	3	
	能将正常的传感器按压到位	2	
	能重新安装好轮胎和车轮等装置,并且放下汽车	2	
	能试车检查	3	
	能连接诊断设备,选择对应的车型和年份	3	
	能读取制动踏板位置传感器的故障码	3	
	能拆卸制动踏板位置传感器	3	
	能拆卸制动踏板位置传感器电线接头	2	
	能将新制动踏板位置传感器固定在车辆上	2	
	能连接上新传感器,确保连接牢固并无松动	2	
	能固定好线束	4	
	能读取制动踏板位置传感器的故障码	2	
	能完成整理和复位	3	

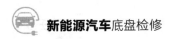

续上表

评分项目	评分标准	分值(分)	得分
任务评价	能通过本次任务实施,结合自己在实训过程中的表现,进行自我评价及自我反思并记录	3	
职业素养	按规定时间完成项目作业	2	
	遵守实训室管理规定、劳动纪律	2	
	积极参与课堂活动、回答问题	2	
	能够按时出勤	2	
思政要求	具有团结、包容、不畏困难、吃苦耐劳、专注的职业修养,树立远大理想,根植爱国主义情怀	5	
总计		100	

改进建议:

教师签字:
日期:

学习活动3 ABS泵及阀体的检查与更换

一、明确任务

一辆新能源汽车进厂维修,客户反映在汽车制动时感觉制动踏板较硬,制动效果差。经班组长初步检查,诊断为ABS泵及阀体故障,需要对ABS泵及阀体的检查与更换,使其恢复正常使用性能。

二、工作准备与计划制订

(一)知识准备

1. ABS的作用

ABS可在汽车制动过程中,对车轮的运动状态进行迅速、准确而又有效的控制,使车轮尽可能地处于最佳制动状况。即在汽车制动时使车轮的纵向处于附着系数的峰值,同时使其侧向也保持着较高的附着系数,从而使汽车具有良好的防侧滑能力和最短的制动距离,以提高车辆行驶的安全性。

2. ABS 的优点

(1)减少制动距离。

(2)减少浮滑现象。

(3)加强对车辆的控制。

(4)减少轮胎局部磨损。

3. ABS 的组成

ABS 主要是在原有的制动系统上加装了传感器(轮速传感器)、控制器(ABS-ECU)与执行器(ABS泵)三部分,如图3-10 所示。

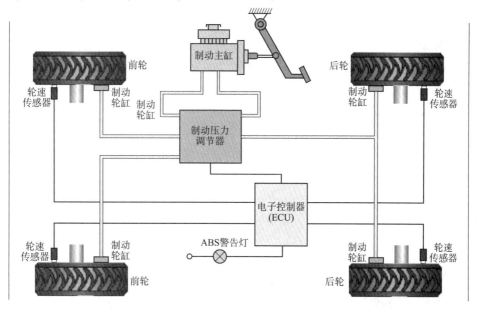

图 3-10　ABS 系统的组成

4. ABS 工作原理

在制动时,ABS 根据每个车轮速度传感器传来的速度信号,迅速判断车轮的抱死状态,关闭开始抱死车轮上面的常开输入电磁阀,让制动力不变,如果车轮继续抱死,则打开常闭输出电磁阀,这个车轮上的制动压力由于出现直通制动液储油箱的管路而迅速下移,防止了因制动力过大而将车轮完全抱死,如图3-11 所示。

与此同时,主控制阀通电开启,动态压力的制动液可进入制动阀,动态压力的制动液从动态助力管路通过主控制阀、制动主缸密封垫外缘到达前轮输入管路,如此反复地工作(工作频率3~12次/s),让制动状态始终处于最佳点(滑移率 S 为20%),制动效果达到最好,行车状态最安全。

在制动主缸前面腔内的制动液是动态压力制动液,它推动反应套筒向右移动,反应套筒又推动助力活塞,从而使制动踏板推杆向右移。因此,在 ABS 工作的时候,驾驶员可以感觉到脚上踏板在颤动,会听到一些噪声。

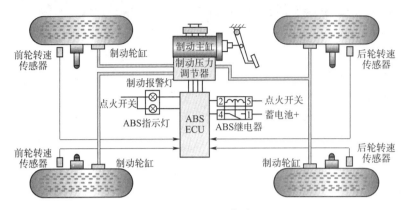

图 3-11 ABS 的工作原理

汽车减速后,一旦 ABS ECU 检测到车轮抱死状态消失,它就会让主控制阀关闭,从而使系统转入普通的制动状态下进行工作。如果蓄压器压力下降到安全极限以下,红色制动故障指示灯和琥珀色 ABS 故障指示灯点亮。在这种情况下,驾驶员要用较大的力进行深踩制动踏板的方式才能对前后轮进行有效制动。

5. ABS 泵

(1) ABS 泵由直流电机、液压泵、电磁阀、蓄压器、储液器等组成,液压泵主要用来完成加压、保持、回液三个过程,如图 3-12 所示。

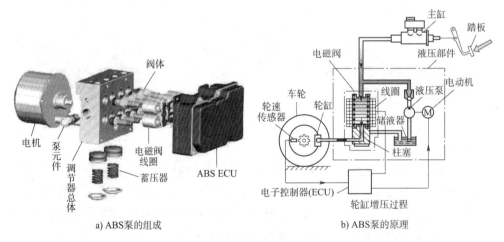

a) ABS 泵的组成　　b) ABS 泵的原理

图 3-12 ABS 泵

(2) 图 3-13 所示 ABS 泵上各字母的含义如下。

MCP:制动主缸的两个出口之一,P 表示初级。

MCS:制动主缸的两个出口之一,S 表示次级。

RL:左后。

RR:右后。

FL:左前。
FR:右前。

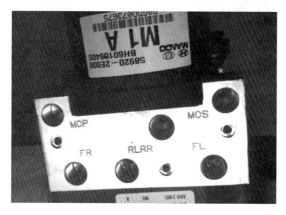

图 3-13 ABS 泵各油道对应字母

(二)制订工作方案

1. 任务分工(表 3-9)

学生任务分配表　　　　　　　　　　表 3-9

班级		组号		指导老师	
组长		任务分工			
组员 1		任务分工			
组员 2		任务分工			
组员 3		任务分工			
组员 4		任务分工			
组员 5		任务分工			
组员 6		任务分工			

2. 工量具、仪器设备与耗材准备

(1)使用的工量具有:_____。

(2)使用的仪器设备有:_____。

(3)使用的耗材有:_____。

3. 具体方案描述

_____

_____

_____

_____

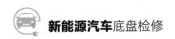

三 计划实施

课堂思政

ABS泵是汽车制动系统中一个重要的组成部分,其主要作用是在汽车制动时自动控制制动器的制动力大小,使车轮不被抱死,保证车轮与地面的附着力在最大值,达到最佳制动效果。同学们在实训中要团结协作,共同探讨、精益求精地解决实训中遇到的问题,提升对专业技术的掌握能力。

(一)安全注意事项及技能要点

1. 安全注意事项

(1)正确、规范地对ABS进行泄压。

(2)正确、规范地使用举升机。

2. 技能要点

(1)ABS泵的检查。

(2)ABS泵的更换。

(3)阀体的检查。

(4)阀体的更换。

(5)制动液排空气。

(二)ABS泵及阀体的检查与更换

1. ABS泵的检查(表3-10)

ABS泵的检查操作方法及说明　　　　　　　　　表3-10

步骤	操作方法及说明	质量标准及记录
ABS泵的检查	(1)对车辆进行必要防护。 (2)拉紧驻车制动器操纵杆,并将变速器置于空挡位置。 (3)对ABS泵检查熔断丝、电线插座,系统是否漏制动油等。 (4)读取ABS故障码。 (5)拔下ABS电脑插头。 (6)ABS系统泄压。 (7)利用手动抽油器将制动液从储液罐中吸出。 (8)拆卸制动主缸到液压单元的制动管,将各制动管从液压单元拆出。 说明:拆油管时在油管下面放置干毛巾,吸附制动液,防止滴漏到机舱内漆面上。取出ABS泵时更要注意油不能滴到翼子板外部漆面上。	□做好车辆防护 □正确使用故障分析仪 □正确泄压

续上表

步骤	操作方法及说明	质量标准及记录
ABS泵的检查	(9)拆下ABS泵。 (10)给ABS泵电机通12V电源,检查是否运转。 (11)用万用表检查ABS泵电机的电阻。 (12)查阅维修手册,判断电阻值是否在正常	□正确使用万用表 □正确判断测量结果

2. 阀体的检查(表3-11)

阀体的检查操作方法及说明　　　　　　　　　　表3-11

步骤	操作方法及说明	质量标准及记录
阀体的检查	(1)阀体外部清洁,检查阀体是否有损伤、锈蚀、泄漏等现象。 (2)检查阀芯是否运动灵活,无卡滞现象。 (3)检查弹簧是否损坏。 (4)检查电控单元与阀体之间的线路连接是否牢固可靠	□正确判断阀体受损情况 □正确判断阀芯受损情况

3. ABS泵的更换(表3-12)

ABS泵的更换检查操作方法及说明　　　　　　　　表3-12

步骤	操作方法及说明	质量标准及记录
ABS泵的更换	(1)安装ABS泵。 (2)连接6根油管,插上电脑插头。 (3)加入专用制动液。 (4)连接解码器,按维修手册要求编码。 (5)制动系统按由远及近原则排空气。 (6)试车检查制动状态。 (7)整理和复位	□正确规范添加制动液 □正确编码 □正确规范排放空气 □按5S要求整理

四、评价反馈

评价反馈填写评价表(表3-13)。

评价表　　　　　　　　　　　　　　　　　　表3-13

评分项目	评分标准	分值(分)	得分
学习目标	能明确本任务的知识、技能、素养目标,理解任务在工作中的重要程度	5	
工作任务分析	能清晰描述本次工作任务内容	2	
	能清晰描述完成本次工作任务需具备的技能与知识点	2	
有效信息获取	能查资料获取ABS的作用	2	
	能查资料获取ABS的优点	2	
	能查资料获取ABS的组成	2	
	能查资料获取ABS的工作原理	2	
	能查资料获取ABS泵的组成	2	
	能查资料获取ABS泵上各字母的含义	2	
实施方案制订	能清晰地制订并填写本次ABS泵及阀体检查与更换的准备作业计划	5	
	能组织或协同工作小组成员,明确本次任务所需仪器设备、工具、材料的准备与清点,并做好记录	5	
	能组织或协同工作小组成员交流,优化检查方案并记录	5	
任务实施	能对车辆进行必要防护	2	
	能拉紧驻车制动器操纵杆,并将变速器置于空挡位置	2	
	能对ABS泵检查熔断丝、电线插座,系统是否漏制动油等	3	
	能读取ABS故障码	3	
	能拔下ABS电脑插头	2	
	能对ABS系统泄压	2	
	能利用手动抽油器将制动液从储液罐中吸出	2	
	能拆卸制动管	2	
	能拆下ABS泵	2	
	能给ABS泵电机通12V电源,检查是否运转	2	
	能用万用表检查ABS泵电机的电阻	2	
	能查阅维修手册,判断电阻值是否在正常	2	
	能对阀体外部清洁,检查阀体是否有损伤、锈蚀、泄漏等现象	2	
	能检查阀芯是否运动灵活,无卡滞现象	2	
	能检查弹簧是否损坏	2	
	能检查电控单元与阀体之间的线路连接是否牢固可靠	2	
	能安装ABS泵	2	

续上表

评分项目	评分标准	分值(分)	得分
任务实施	能连接6根油管,插上电脑插头	2	
	能加入专用制动液	2	
	能连接解码器,按维修手册要求编码	2	
	能对制动系统由远及近原则排空气	2	
	能试车检查制动状态	2	
	能完成整理和复位	2	
任务评价	能通过本次任务实施,结合自己在实训过程中的表现,进行自我评价及自我反思并记录	3	
职业素养	按规定时间完成项目作业	2	
	遵守实训室管理规定、劳动纪律	2	
	积极参与课堂活动、回答问题	2	
	能够按时出勤	2	
思政要求	具有团结、包容、不畏困难、吃苦耐劳、专注的职业修养和环保意识,树立远大理想,根植爱国主义情怀	5	
总计		100	

改进建议:

教师签字:
日期:

学习活动4　制动液的检查与更换

明确任务

根据任务描述,一辆新能源汽车进厂维修,客户反映在汽车制动时感觉制动踏板较轻,制动效果差。经班组长初步检查,初步诊断为制动液含水量过高或变质而造成的故障,需要对制动液进行检查与更换,使其恢复正常使用性能。

二、工作准备与计划制订

(一)知识准备

1. 制动液的作用

制动液是液压制动系统中传递制动压力的液态介质,应用在采用液压制动系统的车辆中。制动液的英文名为 Brake Fluid,是制动系统制动不可缺少的部分,而在制动系统之中,它是作为一个力传递的介质,因为液体是不能被压缩的,所以从主缸输出的压力会通过制动液直接传递至轮缸之中。

2. 制动液储液罐安装位置

制动液储液罐与制动主缸位于发动机舱的右侧,各个制动轮缸分别安装于各个车轮的制动盘(制动鼓)上,制动主缸与制动轮缸由制动管路连接,相互传递压力,如图3-14所示。

a) 制动液储液罐与制动主缸位置　　b) 制动轮缸位置

图3-14　储液罐与制动泵位置

3. 制动液分类

(1)蓖麻油-醇型。

由精制的45%~55%蓖麻油和55%~45%低碳醇(乙醇或丁醇)调配而成,经沉淀获得无色或浅黄色清澈透明的液体,即醇型汽车制动液。蓖麻油加乙醇为醇型1号,蓖麻油加丁醇为醇型3号。制动液的原料容易得到,合成工艺简单,产品润滑性好。其缺点是沸点低,低温时性质不稳定,醇型1号在45℃以上出现乙醇蒸气,产生气阻;在-25℃时蓖麻油呈乳白色胶状物析出,并随温度降低而增加,堵塞制动系统,使制动系统沉重失灵;醇型3号皮碗试验中发现制动液颜色稍变深,丁醇稍有溶解腐蚀橡胶的现象,在-28℃时也有白色沉淀物析出。

(2)合成型。

合成型制动液用醚、醇、酯等掺入润滑、抗氧化、防锈、抗橡胶溶胀等添加剂制成。

(3)矿油型。

矿油型制动液用精制的轻柴油馏分加入稠化剂和其他添加剂制成。

4. 制动液性能指标

(1) 合格达标的制动液特性。

我国现行的制动液标准《机动车辆制动液》(GB 12981—2012)为强制性标准,共有15项技术指标要求,分别是外观、平衡回流沸点、湿平衡回流沸点、运动黏度(100℃、-40℃)、pH值、液体稳定性、腐蚀性、低温流动性和外观、蒸发性能、溶水性、液体相容性、抗氧化性、橡胶相容性、行程模拟性能和防锈性能。

合格的制动液在高温、严寒、高速、湿热等工况条件下保证灵活传递制动力;对制动系统的金属和非金属材料没有腐蚀性;能够有效润滑制动系统的运动部件,延长制动轮缸和皮碗的使用寿命。

(2) 对制动液的性能要求。

黏温性好,凝固点低,低温流动性好;沸点高,高温下不产生气阻;使用过程中品质变化小,并不引起金属件和橡胶件的腐蚀和变质。

制动液的制动工作压力一般为2MPa,高的可达4~5MPa。

(二) 制订工作方案

1. 任务分工(表3-14)

学生任务分配表　　　　　　　表3-14

班级		组号		指导老师	
组长		任务分工			
组员1		任务分工			
组员2		任务分工			
组员3		任务分工			
组员4		任务分工			
组员5		任务分工			
组员6		任务分工			

2. 工量具、仪器设备与耗材准备

(1) 使用的工量具有:_____。

(2) 使用的仪器设备有:_____。

(3) 使用的耗材有:_____。

3. 具体方案描述

_____

_____

_____

_____

三、计划实施

课堂思政

制动器的制动液应与各部件相互配合,传递运动,实时将制动力施加在车轮上,让汽车能够正常减速、停车,它们共同协作配合才能完成制动任务,凸显出团结就是力量。同学们在实训中也要团结协作,共同探讨、解决实训中遇到的问题,提升对专业技术的掌握能力。

(一)安全注意事项及技能要点

1.安全注意事项
(1)正确、规范地使用举升机。
(2)正确、规范穿戴劳保用品。
2.技能要点
(1)制动液品质判定。
(2)制动液含水率检测。
(3)制动液更换的方法与步骤。

北汽 EV160
更换制动液

(二)制动液检查与更换

1.制动液的检查(表3-15)

比亚迪秦
更换制动液

表3-15 制动液的检查操作方法及说明

步骤	操作方法及说明	质量标准及记录
制动液的检查	(1)对车辆进行必要防护。 (2)目视检查制动液储液罐液位是否在 MAX 和 MIN 标记之间。 (3)打开制动液储液罐密封盖,目视检查制动液颜色是否干净透亮,反之则为制动液变质。	□做好车辆防护 □正确判断制动液液位是否正常

续上表

步骤	操作方法及说明	质量标准及记录
制动液的检查	(4) 使用制动液含水率检测仪检测含水量,制动液含水率小于3%可以继续使用,反之需更换。 (5) 整理和复位	□ 正确判断制动液是否变质 □ 正确使用制动液含水率检测仪 □ 正确判断制动液含水率是否正常 □ 按5S要求整理

2. 制动液更换(表3-16)

制动液更换操作方法及说明 表3-16

步骤	操作方法及说明	质量标准及记录
制动液更换	(1) 打开发动机舱盖,对车辆进行必要防护。 (2) 将清洁的抹布放在制动主缸下方,以防止制动液溢出。	□ 做好车辆防护

续上表

步骤	操作方法及说明	质量标准及记录
制动液更换	(3) 车辆起动开关置于"OFF"（关闭）位置且制动器处于冷态时，踩下制动踏板3~5次，直到制动踏板力明显增大，以耗尽制动助力器储备的能量。 (4) 拆下制动液储液罐盖，用存放在清洁、密封的制动液容器中的制动液，加注制动液储液罐至最满位置。 (5) 将制动液更换仪连接至车辆右后制动轮缸放气阀上。 (6) 将合适的方头扳手安装至右后车轮制动轮缸放气阀上，将透明软管安装至放气阀端口。 (7) 使用透明容器搜集制动液更换仪排出的废液。 (8) 启动制动液更换仪，拧松右后车轮制动轮缸放气阀，抽排出废液。 (9) 不断往制动液储液罐里加注新的并且同型号的制动液，保持制动液液位处于MAX。 (10) 观察废液颜色，由浑浊变为干净透亮时，此车轮制动轮缸制动液更换完成，拧紧右后车轮制动轮缸放气阀，关闭制动液更换仪，断开连接软管。 (11) 对左后轮、右前轮、左前轮依次按右后轮相同方法进行制动液更换。 (12) 在完成最后一个车轮制动液更换后，确保4个制动轮缸放气阀都被正确拧紧，并进行清洁。 (13) 再次加注新的制动液至MAX，安装制动液储液罐盖。 (14) 缓慢地踩下并松开制动踏板，查看制动踏板力度是否正常，并试车。 (15) 整理与复位	□ 正确找到制动液储液罐的位置 □ 正确安装连接仪器 □ 正确加注制动液 □ 正确判断制动液是否更换到位 □ 正确判断制动踏板的力是否正常 □ 按5S要求整理

四  评价反馈

评价反馈填写评价表（表3-17）。

评价表   表3-17

评分项目	评分标准	分值（分）	得分
学习目标	能明确本任务的知识、技能、素养目标，理解任务在工作中的重要程度	5	
工作任务分析	能清晰描述本次工作任务内容	2	
	能清晰描述完成本次工作任务需具备的技能与知识点	2	

续上表

评分项目	评分标准	分值(分)	得分
有效信息获取	能查资料获取制动液的作用	2	
	能就车找到制动液储液罐的安装位置	2	
	能查资料获取制动液的分类	2	
	能查资料获取制动液含水率数值	2	
实施方案制订	能清晰地制订并填写本次制动液检查与更换的准备作业计划	5	
	能组织或协同工作小组成员,明确本次任务所需仪器设备、工具、材料的准备与清点,并做好记录	5	
	能组织或协同工作小组成员交流,优化检查方案并记录	5	
任务实施	能做好车辆防护	5	
	能将清洁的抹布放在制动主缸下方,以防止制动液溢出	5	
	能将车辆起动开关置于"OFF"(关闭)位置且制动器处于冷态时,踩下制动踏板3~5次,直到制动踏板力明显增大,以耗尽制动助力器储备的能量	5	
	能拆下制动液储液罐盖,用存放在清洁、密封的制动液容器中的制动液,加注制动液储液罐至最满位置	5	
	能将制动液更换仪连接至车辆右后制动轮缸放气阀上	5	
	能将合适的方头扳手安装至右后车轮制动轮缸放气阀上,将透明软管安装至放气阀端口	5	
	能使用透明容器搜集制动液更换仪排出的废液	3	
	能启动制动液更换仪,拧松右后车轮制动轮缸放气阀,抽排出废液	3	
	能不断往制动液储液罐里加注新的并且同型号制动液,保持制动液液位处于MAX	3	
	能观察废液颜色,由浑浊变为干净透亮时,此车轮制动轮缸制动液更换完成,拧紧右后车轮制动轮缸放气阀,关闭制动液更换仪,断开连接软管	4	
	能对左后轮、右前轮、左前轮依次按右后轮相同方法进行制动液更换	3	
	能在完成最后一个车轮制动液更换后,确保4个制动轮缸放气阀都被正确拧紧,并进行清洁	3	
	能再次加注新的制动液至MAX,安装制动液储液罐盖	3	
任务评价	能通过本次任务实施,结合自己在实训过程中的表现,进行自我评价及自我反思并记录	3	

续上表

评分项目	评分标准	分值(分)	得分
职业素养	按规定时间完成项目作业	2	
	遵守实训室管理规定、劳动纪律	2	
	积极参与课堂活动、回答问题	2	
	能够按时出勤	2	
思政要求	具有团结、包容、不畏困难、吃苦耐劳、专注职业修养和环保意识，树立远大理想，根植爱国主义情怀	5	
	总计	100	

改进建议：

教师签字：
日期：

学习活动 5　制动管路的检查与更换

一　明确任务

根据任务描述，一辆新能源汽车进厂维修，客户反映在汽车制动时感觉制动踏板较轻，制动效果差。经班组长初步检查，诊断为制动管路破损漏液造成的故障，需要对制动管路进行检查与更换，使其恢复正常使用性能。

二　工作准备与计划制订

（一）知识准备

1. 制动管路的作用

制动管路包括钢管和柔性软管，用接头连接到一起，作用是将从制动主缸取得的制动液传递到各个制动轮缸。

2. 安装位置

汽车制动管路的安装位置比较隐蔽，通常位于车辆底部，从制动主缸到车轮制动器之间，如图 3-15 所示。

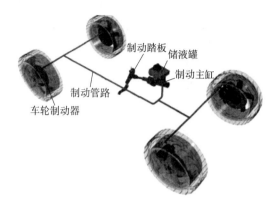

图 3-15　液压制动管路安装位置

3. 分类

制动管路包括两部分：一部分是从制动主缸到车底，这部分管路通常为铜管；另一部分是车底到制动轮缸，这部分管路通常为软质的橡胶管。

4. 制动管路设计安装基本要求

制动管路是汽车制动系统的重要组成部分，其性能直接影响到制动的可靠性和效能。为了确保制动管路能够安全、有效地工作，应满足以下要求：

（1）制动管路的管径应符合规定，以确保在制动过程中能够承受足够的压力和流量。

（2）制动管路的材料应具有足够的强度和耐腐蚀性，以应对制动时产生的压力和高温环境。

（3）制动管路应具有平滑的表面，以减少液体阻力和摩擦损失。

（4）制动管路应安装牢固，以防止在制动过程中产生振动或移动。

（5）制动管路应具有可靠的密封性能，以防止制动液泄漏。

（6）在制动管路中，应在管路接头处设置适当的防尘套和保护装置，以防止外部污染和损坏。

（7）制动管路应易于安装和维护，以便于检查和更换。

（二）制订工作方案

1. 任务分工（表 3-18）

学生任务分配表　　　　　　　　　　　表 3-18

班级		组号		指导老师	
组长		任务分工			
组员 1		任务分工			
组员 2		任务分工			

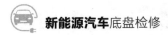

续上表

班级		组号		指导老师	
组员3		任务分工			
组员4		任务分工			
组员5		任务分工			
组员6		任务分工			

2. 工量具、仪器设备与耗材准备

(1) 使用的工量具有：_____。

(2) 使用的仪器设备有：_____。

(3) 使用的耗材有：_____。

3. 具体方案描述

_____

_____

_____

三 计划实施

📰 课堂思政 »»»

制动管路是整个液压制动系统的核心，实时将制动力传递至车轮上，承受巨大的压力，让汽车能够正常减速、停车，它们共同协作配合完成制动任务，凸显出坚持不懈、团结力量。同学们在实训中也要不怕辛苦、团结协作，共同探讨、解决实训中遇到的问题，提升对专业技术的掌握能力。

(一) 安全注意事项及技能要点

1. 安全注意事项

(1) 正确、规范地使用举升机。

(2) 正确、规范地使用检测工具与拆装工具。

(3) 正确、规范穿戴劳保用品。

2. 技能要点

(1) 制动管路的外观检查。

(2) 制动管路技术检测。

(3) 制动管路更换的方法与步骤。

(二)制动管路进行检查与更换

1. 制动管路的检查(表3-19)

制动管路的检查操作方法及说明　　　　　　　　　表3-19

步骤	操作方法及说明	质量标准及记录
制动管路的检查	(1)对车辆进行必要防护。 (2)举升车辆至合适位置。 (3)检查制动管路的外观:观察制动管路是否有磨损、裂纹、老化等现象,同时检查管路是否有变形、堵塞或漏气等情况。 (4)检查制动管路的固定:检查制动管路的固定是否牢固,特别是要注意管路与车架、车身等固定点的紧固情况,防止因松动导致管路磨损或漏气。 (5)检查制动软管的连接:检查制动软管与制动主缸、制动轮缸的连接是否牢固,特别要注意软管接头是否有松动或老化等情况。 (6)检查制动管路的密封性:通过在制动管路加压的方式检查其密封性,看是否存在漏气现象。 (7)整理和复位	□做好车辆防护 □正确判断制动踏板自由行程是否正常 □按5S要求整理

2. 制动管路更换(表3-20)

制动管路更换操作方法及说明　　　　　　　　　表3-20

步骤	操作方法及说明	质量标准及记录
制动管路的更换	(1)对车辆进行必要防护。 (2)准备工具和材料:需要准备管钳、扳手、合适的制动管路和密封材料等。 (3)关闭制动系统:在更换制动管路之前,需要先关闭制动系统,以避免液压泄漏。 (4)拆卸旧管路:使用管钳和扳手拆卸旧的制动管路,确保旧的管路已经完全分离,并且没有残留物留在连接处。 (5)清理连接处:使用清洁剂和棉布清洁连接处的残留物,以确保新的制动管路能够紧密连接。 (6)安装新管路:将新的制动管路安装在连接处,并使用扳手和管钳将其固定,确保新的管路安装正确,并且没有任何扭曲或松动。 (7)加注制动液:打开制动系统,并加注适量的制动液,确保制动液加注到正确的液位,并排出管路中的空气。 (8)检查制动性能:检查制动系统的制动性能是否正常。如果需要,可以调整制动踏板的行程或更换制动蹄片来优化制动性能。	□做好车辆防护 □正确准备更换制动管路所需的工具 □正确关闭制动系统 □正确使用工具拆卸制动管路 □是否清洁制动管路连接处 □正确使用工具安装制动管路 □正确加注制动液及制动管路排气

续上表

步骤	操作方法及说明	质量标准及记录
制动管路的更换	（9）测试制动系统：在更换制动管路后，需要进行测试以确保制动系统正常工作。在测试过程中，应该进行多次制动测试，并检查制动液的液位和颜色是否正常。 （10）装上制动灯开关，直到柱塞被完全压住，使得螺丝端与衬垫之间产生适当的间隙完成更换。完成制动管路的更换后，清理工作区域并妥善处理废弃物。 （11）整理和复位	□检查制动性能是否正常 □检测方法是否正常 □按5S要求整理

四 评价反馈

评价反馈填写评价表（表3-21）

评价表 表3-21

评分项目	评分标准	分值（分）	得分
学习目标	能明确本任务的知识、技能、素养目标，理解任务在工作中的重要程度	5	
工作任务分析	能清晰描述本次工作任务内容	2	
	能清晰描述完成本次工作任务需具备的技能与知识点	2	
有效信息获取	能查资料获取制动管路的作用	2	
	能就车找到制动管路的安装位置	2	
	能查资料获取制动管路的分类	2	
	能查资料获取制动管路的技术要求	2	
实施方案制订	能清晰地制订并填写本次制动管路检查与更换的准备作业计划	5	
	能组织或协同工作小组成员，明确本次任务所需仪器设备、工具、材料的准备与清点，并做好记录	5	
	能组织或协同工作小组成员交流，优化检查方案并记录	5	
任务实施	能做好车辆防护	5	
	能检查制动管路的外观	5	
	能检查制动管路的固定	5	
	能检查制动软管的连接	5	
	能检查制动管路的密封性	5	
	能准备工具和材料	3	

续上表

评分项目	评分标准	分值(分)	得分
任务实施	能关闭制动系统	3	
	能拆卸旧管路	3	
	能清理连接处	5	
	能安装新管路	5	
	能加注制动液	3	
	能检查制动性能	5	
任务评价	能通过本次任务实施,结合自己在实训过程中的表现,进行自我评价及自我反思并记录	3	
职业素养	按规定时间完成项目作业	2	
	遵守实训室管理规定、劳动纪律	2	
	积极参与课堂活动、回答问题	2	
	能够按时出勤	2	
思政要求	具有团结、包容、不畏困难、吃苦耐劳、专注的职业修养和环保意识,树立远大理想,根植爱国主义情怀	5	
总计		100	

改进建议:

教师签字:
日期:

学习活动6　制动盘的检查与更换

 明确任务

根据任务描述,一辆新能源汽车进厂维修,客户反映在汽车制动时感觉制动踏板较硬,制动效果差。经班组长初步检查,诊断为制动盘故障,需要对制动盘进行检查或更换,使其恢复正常使用性能。

二、工作准备与计划制订

(一)知识准备

1. 制动盘的作用

制动盘的作用是通过制动钳和制动片的摩擦,将车辆的动能转化为热能,从而实现车辆的减速或停止。制动盘是汽车制动系统的重要组成部分,直接影响车辆的安全性和操控性。

2. 制动盘安装位置与分类

制动盘一般安装在车轮的轮毂内侧,与轮毂同轴旋转。制动盘的数量和类型根据车辆的型号和性能不同而有所差异,一般有实心盘、通风盘、打孔盘、打孔划线盘等,如图 3-16 所示。

图 3-16 制动盘的分类

3. 制动盘材料和形状

制动盘的材料和形状对制动性能有重要影响,一般采用铸铁或碳陶瓷等高强度、高耐磨、高导热的材料,以提高制动盘的刚度、稳定性和耐久性。制动盘的形状一般为圆盘状,有些制动盘还有槽纹、孔洞等结构,以增强制动盘的散热效果和清除制动片上的杂质。

制动盘的表面状况对制动效果也有影响,一般要求制动盘的表面平整、光滑、无油污、无锈蚀、无划痕等,以保证制动盘和制动片之间的良好接触和摩擦。制动盘的厚度也要符合规定的标准,以防止制动盘过薄导致变形或断裂。

4. 制动盘检查与更换的重要参数

(1) 制动盘的厚度:制动盘的厚度会随着使用而磨损,如果低于制造商规定的最小厚度,就需要更换。一般新的前制动盘的厚度在 32mm 左右,后制动盘的厚度在 28mm 左右,一般制动盘磨损更换标准在 2mm 左右。制动盘的厚度可以用专业的测量工具,如游标卡尺或外径千分尺来测量,也可以用肉眼观察制动盘的边缘是否有明显的倒角或裂纹。

(2)制动盘的圆跳动:制动盘的圆跳动是评价制动盘的端面是否平整,是否存在高低差的量值。制动盘的圆跳动会影响汽车的制动性能和安全性,所以需要定期检测和处理。制动盘的圆跳动可以用专业的测量工具,如百分表和磁力表座来测量,也可以用视觉检测法或磨削检测法来判断。

(3)制动盘的表面状况:制动盘的表面状况是指制动盘的表面是否有明显的烧焦、腐蚀、划痕或凹槽等问题。制动盘的表面状况会影响制动片的磨损和制动效果,所以需要定期清洁和检查。制动盘的表面状况可以用肉眼观察或用手触摸来判断,也可以用专业的仪器来检测。

(二)制订工作方案

1. 任务分工(表 3-22)

学生任务分配表　　　　　表 3-22

班级		组号		指导老师	
组长		任务分工			
组员 1		任务分工			
组员 2		任务分工			
组员 3		任务分工			
组员 4		任务分工			
组员 5		任务分工			
组员 6		任务分工			

2. 工量具、仪器设备与耗材准备

(1)使用的工量具有:_____。

(2)使用的仪器设备有:_____。

(3)使用的耗材有:_____。

3. 具体方案描述

_____

_____

_____

_____

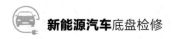

三 计划实施

课堂思政

制动盘作为车辆制动系统的关键组成部分,提供足够的摩擦表面,通过与制动卡钳配合,使车辆减速直至停止。同学们在实践操作中也要学会团结协作,共同完成实训任务,在处理相关部件时要始终把安全放在首位,正确使用工具,遵循操作流程,提高安全意识。

(一)安全注意事项及技能要点

1. 安全注意事项

(1)正确、规范地使用举升机。

(2)在拆卸车轮和制动卡钳时,应注意保持平衡,避免车轮或制动卡钳掉落或滚动。

(3)在拆卸和安装制动盘时,应注意制动盘的重量和锐利的边缘,避免造成伤害或损坏其他部件。

2. 技能要点

(1)制动盘厚度的测量。

(2)制动盘圆跳动的测量。

(3)新制动盘的安装。

(二)制动盘的检查与更换

1. 制动盘厚度的测量(表3-23)

表3-23 制动盘厚度的测量操作方法及说明

步骤	操作方法及说明	质量标准及记录
制动盘厚度的测量	(1)对车辆进行必要防护。 (2)拆卸车轮,取出14mm和17mm扳手,松开制动轮缸固定螺栓,拆卸制动卡钳。注意不要将软管从制动卡钳上断开。 (3)取下制动轮缸固定螺栓,用铁钩将轮缸挂起来。取出内、外侧制动摩擦片,目测表面有无异常磨损。 (4)制动盘表面状态检查,观察表面是否有裂纹、划痕、锈蚀等损伤,如果有,需要更换或修复。	□做好车辆防护 □正确拆卸车轮与制动卡钳 □正确检查制动盘表面状态

续上表

步骤	操作方法及说明	质量标准及记录
制动盘厚度的测量	(5)清洁制动盘,取出外径千分尺并校零。测量制动盘厚度,均匀分4个点测量,千分尺与制动盘外缘相等约13mm,并比较4次测量数值看磨损是否均匀。如果制动盘厚度低于最小厚度,或者制动盘表面有裂纹、烧伤等损坏,需要更换制动盘。 (6)读数,记录到工作表。 (7)清洁并安装制动摩擦片,按维修手册标准紧固制动轮缸固定螺栓。安装车轮,检查制动系统的工作情况。 (8)整理和复位	□正确使用千分尺 □正确读数 □按5S要求整理

2. 制动盘圆跳动的测量(表3-24)

制动盘圆跳动的测量操作方法及说明　　　　　　表3-24

步骤	操作方法及说明	质量标准及记录
制动盘圆跳动的测量	(1)对车辆进行必要防护。 (2)准备量具:百分表、磁性表座、记号笔、2块抹布等。 (3)百分表的检查:取出百分表测试表头,检查百分表活动情况,表盘活动应灵活、无卡滞,记录工作表,预压(0.5~1mm)。 (4)取出磁性表座,检查磁性表座磁力情况,检查磁性表座零部件应齐全,组装两连接杆及其螺栓套件,检查螺栓并拧紧牢固可靠。 (5)在制动盘表面做15mm记号,在制动盘摆臂上面安装磁性表座及两连接杆。 (6)取出百分表,清洁百分表测量头,安装百分表,百分表与制动盘表面垂直,并预压2mm,转动百分表指针转盘,对准"0"刻度。 (7)在制动盘侧做旋转标记,旋转一周,观察百分表指针偏转的最大偏转量之和即为制动盘的跳动量,转动时手不握在制动盘上。	□准备好量具 □正确使用百分表 □正确安装磁力表座

续上表

步骤	操作方法及说明	质量标准及记录
制动盘圆跳动的测量	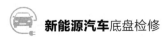 (8)读数,记录到工作表。 (9)取下百分表,并清洁归位;取下磁性表座,并清洁归位。 (10)根据测得的数据,对照给定的技术参数,判断制动盘跳动量技术状况,清洁制动盘、量具。 (11)整理和复位	□正确记录制动盘圆跳动数据 □正确判断制动盘是否更换 □按5S要求整理

3. 制动盘的更换(表3-25)

制动盘更换操作方法及说明　　　　　　　　　表3-25

步骤	操作方法及说明	质量标准及记录
制动盘的更换	(1)对车辆进行必要防护。 (2)拆卸要更换制动盘侧的轮胎,使用扳手拧松轮胎上的螺母,然后将轮胎取下。 (3)拆卸制动卡钳,使用扳手拧松制动卡钳上的螺栓,然后将制动卡钳从制动盘上取下。 (4)拆卸制动盘,使用扳手拧松制动盘固定螺栓,然后将制动盘从轮轴上取下。 (5)检查制动盘的磨损情况,如果磨损较轻,可以进行研磨处理;如果磨损严重或制动盘出现裂纹等损坏情况,则需要更换新的制动盘。 (6)安装新的制动盘,清洁接触面,然后拧入锁止螺栓。注意固定螺栓的拧紧力矩要适中,不要过紧或过松。 (7)安装制动卡钳,清洁并安装制动摩擦片,将制动卡钳固定在制动盘上,然后再将制动盘安装到轮轴上。按维修手册标准紧固制动轮缸固定螺栓。 (8)拿出制动轮缸托架,安装上制动摩擦片后安装制动轮缸,紧固轮缸与托架的螺栓。 (9)安装轮胎,检查制动系统的工作情况,进行制动效果的试验。 (10)整理和复位	□做好车辆防护 □正确拆卸轮胎 □正确拆卸制动卡钳 □正确判断制动盘磨损情况 □正确安装制动盘 □正确紧固螺栓 □正确判断制动盘工作是否正常 □按5S要求整理

续上表

步骤	操作方法及说明	质量标准及记录
制动盘的更换		

四、评价反馈

评价反馈填写评价表(表3-26)

评价表　　　　　　　　　　　　　　　　　　　　　表3-26

评分项目	评分标准	分值(分)	得分
学习目标	能明确本任务的知识、技能、素养目标,理解任务在工作中的重要程度	5	
工作任务分析	能清晰描述本次工作任务内容	2	
	能清晰描述完成本次工作任务需具备的技能与知识点	2	
有效信息获取	能查资料获取制动盘的作用	2	
	能就车找到制动盘的安装位置	2	
	能查资料获取制动盘的分类	2	
	能查资料获取制动盘材料的选用要求	2	
	能查资料获取制动盘的检查与更换的重要参数	2	
实施方案制订	能清晰地制订并填写本次制动盘检查与更换的准备作业计划	5	
	能组织或协同工作小组成员,明确本次任务所需仪器设备、工具、材料的准备与清点,并做好记录	5	
	能组织或协同工作小组成员交流,优化检查方案并记录	5	
任务实施	能做好车辆防护	5	
	能正确拆卸车轮与制动卡钳	5	
	能检查制动盘表面状态	5	

续上表

评分项目	评分标准	分值(分)	得分
任务实施	能正确使用千分尺	5	
	能正确准备量具	3	
	能完成对百分表的检查	3	
	能完成对磁性表座的安装	3	
	能正确使用百分表测量圆跳动	3	
	能读数并记录到工作表	3	
	能拆卸要更换制动盘侧的轮胎	3	
	能拆卸制动卡钳	3	
	能拆卸制动盘	3	
	能检查制动盘的磨损情况	3	
	能安装新的制动盘	3	
任务评价	能通过本次任务实施,结合自己在实训过程中的表现,进行自我评价及自我反思并记录	3	
职业素养	按规定时间完成项目作业	2	
	遵守实训室管理规定、劳动纪律	2	
	积极参与课堂活动、回答问题	2	
	能够按时出勤	2	
思政要求	爱护汽车,遵守操作规范,使用正确的工具和方法,防止对车辆造成二次损伤。 培养严谨认真、一丝不苟的工作态度。 学习和掌握制动盘的相关理论知识和技能,提高自身的专业水平和综合素质,为客户提供优质的服务和建议	5	
总计		100	

改进建议:

教师签字:
日期:

学习活动 7　制动摩擦片的检查与更换

一　明确任务

根据任务描述,一辆新能源汽车进厂维修,客户反映在汽车制动时发出异响,制动效果差。经班组长初步检查,诊断为制动摩擦片到达更换周期,需要对其进行检修,使其恢复正常使用性能。

二　工作准备与计划制订

(一)知识准备

1. 汽车制动摩擦片的作用

汽车制动片是汽车制动系统中的关键安全零件,它们的作用是将车辆的动能转化为热能并通过摩擦力使车辆停驶。制动片通常位于制动器的内侧,当踩下制动踏板时制动片会与制动盘接触,产生摩擦力,从而使车辆减速或停止。

制动摩擦片对行车安全有着至关重要的作用。如果制动片磨损严重或失效,会导致制动距离延长甚至无法有效制动从而可能引发交通事故。因此,定期检查和更换制动片是保障行车安全的重要措施。

2. 制动摩擦片的检查方法

汽车制动摩擦片是制动系统中的重要组成部分,为了确保车辆的制动性能和安全性,需要定期检查制动摩擦片的状况。以下是汽车制动片的检查方法。

(1)检查制动片厚度。

制动摩擦片厚度是判断制动片磨损程度的重要指标。一般来说,新车的制动摩擦片厚度在 1.5cm 左右,随着使用时间的增加,其厚度会逐渐减小。当厚度小于 0.5cm 时,需要更换新的制动摩擦片。

(2)检查制动摩擦片磨损程度。

制动摩擦片的磨损程度可以通过观察制动摩擦片的颜色来判断。新车的制动摩擦片为黑色,随着使用时间的增加,颜色会逐渐变浅。当制动摩擦片磨损到一定程度时,可以观察到制动片表面出现明显的磨损痕迹,此时需要更换新的制动摩擦片。

(3)检查制动摩擦片材质。

制动摩擦片的材质对制动性能有很大的影响。一般来说,优质的制动摩擦片应该具有高密度、高硬度和良好的耐磨性。在检查制动摩擦片时,可以观察制动摩擦片的质地和颜色,以便判断制动摩擦摩擦片的材质和性能。

(4)检查制动摩擦片表面。

制动摩擦片表面应该光滑、无裂纹、无油污和异物。在检查时,可以用手触摸制动摩擦片表面,感受其光滑度和是否有异物存在的情况。如果发现有异常情况,需要及时进行处理。

(5)检查制动摩擦片与制动盘的配合。

制动摩擦片与制动盘的配合对制动性能有很大的影响。在检查时,可以观察制动摩擦片与制动盘的接触情况,判断两者之间的配合是否良好。如果发现有异常情况,需要及时进行调整或更换。

(6)检查制动摩擦片温度。

制动摩擦片温度过高会导致制动性能下降和制动摩擦片的热衰退现象。在检查时,可以触摸制动摩擦片的表面,感受其温度是否过高。如果发现温度过高,需要及时停车降温或更换制动摩擦片。

(7)检查制动摩擦片固定装置。

制动摩擦片固定是否牢固对制动性能有很大的影响。在检查时,可以观察固定装置的紧固情况,确保其牢固可靠。如果发现固定装置存在问题,需要及时进行调整或更换。

(8)检查制动摩擦片报警装置。

部分车辆的制动摩擦片上装有报警装置,当制动摩擦片磨损到一定程度时,会发出警告声音或点亮警示灯提示驾驶员换用新的制动摩擦片。在检查时,可以注意听取报警装置发出的声音或观察警示灯是否正常工作。如果发现报警装置存在问题需要及时进行调整或更换。

3. 更换制动摩擦片的步骤

(1)准备工具。

在进行更换制动摩擦片之前,需要准备以下工具:千斤顶、合适的套筒扳手、梅花扳手、螺丝刀、砂纸、润滑脂等。

(2)松开车轮螺栓。

将所有车轮的紧固螺栓拧松半圈,不要完全拧松。车辆举升前,利用轮胎与地面的摩擦力更容易松开车轮螺栓。

(3)举升车辆。

在车辆举升位置举升车辆的一侧。一般情况下,车辆的举升位置位于前轮后、后轮前的车身"大梁"上。一般车辆举升位置有一个大颠簸的橡胶垫,只需抬起车辆,直到需要更换制动片的车轮稍微离开地面,然后拧下所有车轮螺栓并拆下车轮即可。

(4)拆卸制动钳。

依次拆卸轮胎螺栓,拆下轮胎,并拆卸下制动钳。

(5)取出制动摩擦片。

取出制动摩擦片时,需要悬挂制动油管,防止车辆漏油。检查旧制动摩擦片并与新制动摩擦片进行比较,查看旧制动摩擦片的磨损程度。安装新制动摩擦片,复位制动钳和制动钳螺栓。

(6)安装完成。

将更换完的制动摩擦片安装回原位拧紧螺栓,再次检查紧固情况。放下车辆完成更换。

(二)制订工作方案

1. 任务分工(表3-27)

学生任务分配表　　　　　　　　　　　表3-27

班级		组号		指导老师	
组长		任务分工			
组员1		任务分工			
组员2		任务分工			
组员3		任务分工			
组员4		任务分工			
组员5		任务分工			
组员6		任务分工			

2. 工量具、仪器设备与耗材准备

(1)使用的工量具有:_____。
(2)使用的仪器设备有:_____。
(3)使用的耗材有:_____。

3. 具体方案描述

_____
_____
_____
_____

三 计划实施

课堂思政 >>>

制动摩擦片作为车辆制动系统的关键组成部分,提供足够的摩擦系数,通过与制动盘配合,使车辆减速直至停止。同学们在实践操作中也要学会团结协作,共同完成实训任务,在处理相关部件时始终把安全放在首位,正确使用工具,遵循操作流程,提

高安全意识。

(一)安全注意事项及技能要点

1. 安全注意事项

(1)正确、规范地使用举升机。

(2)正确使用扭力扳手和梅花扳手。

2. 技能要点

(1)盘式制动摩擦片拆卸及检查。

(2)制动摩擦片的更换。

(二)制动摩擦片的检查与更换

1. 盘式制动摩擦片拆卸及检查(表3-28)

盘式制动摩擦片拆卸及检查操作方法及说明　　　　表3-28

步骤	操作方法及说明	质量标准及记录
盘式制动片拆卸及检查	(1)车辆停入工位。 (2)支撑并举升车辆。 (3)在车轮和轮毂之间做好标记,拆卸四轮轮胎。 (4)拆下制动钳下导销螺栓,向上转动制动钳。 (5)拆卸制动摩擦片,检查制动片表面是否出现严重烧蚀或开裂等现象,如有须进行更换。 注意:更换制动摩擦片时,不需要拆卸制动钳总成。 (6)用游标卡尺测量制动片的金属衬板和摩擦材料的总厚度。 (7)使用游标卡尺测量制动摩擦片金属衬板厚度。 (8)计算制动摩擦片摩擦材料的厚度,厚度小于2mm时,需建议用户更换。	□做好车辆防护 □正确使用举升机 □正确拆卸制动片 □正确检测及判断制动片是否正常 □按5S要求整理

2. 制动片更换(表3-29)

制动摩擦片的更换操作方法及说明　　　　表3-29

步骤	操作方法及说明	质量标准及记录
制动片的更换	(1)检查储液壶中制动液的液位。 (2)如果液位高于制动液的最高液位,需排出部分制动液。 (3)将制动摩擦片从制动钳安装托架上拆下。 (4)将报废的内侧制动摩擦片或木块插在活塞前部,使用C形工具,将制动轮缸活塞旋回至制动钳孔。 (5)将制动片固定弹簧从制动钳托架上拆下。	□做好车辆防护 □正确检查储液壶中制动液的液位 □正确回位制动分泵活塞

续上表

步骤	操作方法及说明	质量标准及记录
制动片的更换	(6)清理制动钳托架上制动摩擦片构架接合处的碎屑和腐蚀。 (7)检查制动摩擦片固定弹簧是否存在以下状况,如果发现上述任何状况,则须更换盘式制动片固定件: ①安装凸舌弯曲; ②严重腐蚀; ③制动钳安装托架松动; ④盘式制动摩擦片松动。 (8)检查制动钳导销能否自由移动并检查导销护套的情况。如发现以下任何情况,须更换导销或护套: ①导销移动受限; ②制动钳安装托架松动; ③制动钳导销卡死或卡滞; ④护套开裂或破损。 注意:每次更换制动摩擦片时,需使用专用的润滑脂对导销进行润滑。 (9)将制动摩擦片固定弹簧安装至制动钳固定托架。 (10)将制动摩擦片安装至制动钳固定托架。 (11)安装制动钳下导销,并按规定力矩紧固。 (12)将车轮按照拆卸之前所做的标记安装至车辆,并按照规定力矩进行紧固。 (13)关闭发动机,逐渐踩下制动踏板至其行程约2/3处。 (14)缓慢松开制动踏板。 (15)等待15s,然后再次逐渐踩下制动踏板至其行程约2/3处,直到制动踏板坚实,这将使制动钳活塞和制动摩擦片正确就位。 (16)加注主缸辅助储液罐至适当液位。 (17)整理和复位	□正确安装制动片 □正确调整活塞和制动片的位置 □按5S要求整理

四 评价反馈

评价反馈填写评价表(表3-30)。

评价表　　　　　表3-30

评分项目	评分标准	分值(分)	得分
学习目标	能明确本任务的知识、技能、素养目标,理解任务在工作中的重要程度	5	

续上表

评分项目	评分标准	分值(分)	得分
工作任务分析	能清晰描述本次工作任务内容	2	
	能清晰描述完成本次工作任务需具备的技能与知识点	2	
有效信息获取	能查资料获取制动摩擦片的作用	2	
	能就车找到制动摩擦片的安装位置	2	
	能查资料获取制动器的分类	2	
	能查资料获取制动摩擦片的极限数值	2	
实施方案制订	能清晰地制订并填写本次制动摩擦片检查与更换的准备作业计划	4	
	能组织或协同工作小组成员,明确本次任务所需仪器设备、工具、材料的准备与清点,并做好记录	4	
	能组织或协同工作小组成员交流,优化检查方案并记录	4	
任务实施	能完成制动片的检查与更换的车辆防护	4	
	能做好制动片检查及更换的工具准备	4	
	能正确举升车辆	5	
	能对轮胎及轮毂做好拆卸前标记	5	
	能拆下车轮并有序摆放	5	
	能拆卸制动钳导销,检查是否异常	5	
	能取下制动摩擦片并清洁	3	
	能测量制动摩擦片磨损程度并记录下来	3	
	能检查制动卡钳及制动盘有无异常磨损、开裂等	3	
	能使用制动轮缸复位工具将制动轮缸活塞旋回至制动钳孔,且检查记录制动液储液壶液位	5	
	能使用旧制动摩擦片与新制动片进行比对	5	
	能安装新制动摩擦片并在导销上涂抹润滑脂	3	
	能安装轮胎及复位制动轮缸	5	
任务评价	能通过本次任务实施,结合自己在实训过程中的表现,进行自我评价及自我反思并记录	3	
职业素养	按规定时间完成项目作业	2	
	遵守实训室管理规定、劳动纪律	2	
	积极参与课堂活动、回答问题	2	
	能够按时出勤	2	
思政要求	培养学生虚心好学、认真专注、一丝不苟的工作态度	5	
总计		100	

续上表

评分项目	评分标准	分值(分)	得分
改进建议:			

教师签字:
日期:

学习活动 8　制动主缸的检查与更换

 明确任务

根据任务描述,一辆新能源汽车进厂维修,客户反映在汽车制动时感觉制动踏板较硬,制动效果差。经班组长初步检查,诊断为制动主缸故障,需要对制动主缸进行检查或更换,使其恢复正常使用性能。

二、工作准备与计划制订

(一)知识准备

1. 制动主缸的组成与工作原理

制动主缸是制动系统的核心部件,它的作用是将制动踏板的力转换为液压力,传递给轮缸,从而实现对车轮的制动,如图3-17所示。制动主缸的主要部件有活塞、皮碗、弹簧、储液罐、旁通孔、补偿孔等,它们共同构成了一个双活塞串连式的结构。制动主缸的工作过程分为不制动、踩下制动踏板和松开制动踏板三个阶段,每个阶段都涉及制动液的流动和压力变化。

2. 液压管路的布置与检查

液压管路由钢管和软管组成,用来在制动主缸和每个车轮制动器之间传递有压力的制动液。液压管路的布置方式有单管路和双管路两种,双管路可以提高制动的安全性和可靠性。检查液压管路时,要注意制动管是否裂开、折叠和腐蚀,制动软管是否裂开、损伤或漏气,制动管接头是否紧固和密封。

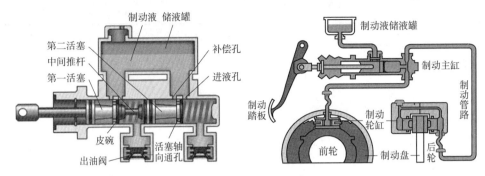

图 3-17 制动主缸的组成与工作原理

3. 排空制动管路的空气

制动主缸更换后,制动管路中会进入空气,影响制动效果,因此,必须进行排气操作。排气操作的方法有多种,常用的有手动排气法、真空排气法、压力排气法等。排气操作的原则是从离制动主缸最远的轮缸开始,依次排气,直到制动管路中的空气完全排出,制动液流出无气泡为止。

4. 制动液的性质与更换

制动液是一种具有吸湿性的液体,它能在高温和高压下保持稳定的流动性和黏度。制动液的含水率过高会导致制动液的沸点降低,腐蚀制动系统,影响制动效果和安全性。因此,制动液必须每两年更换一次。更换制动液的方法有人工更换和机器更换两种,人工更换需要两人协作完成,机器更换可以节省时间和劳力。

(二)制订工作方案

1. 任务分工(表3-31)

学生任务分配表　　　　　表3-31

班级		组号		指导老师	
组长		任务分工			
组员1		任务分工			
组员2		任务分工			
组员3		任务分工			
组员4		任务分工			
组员5		任务分工			
组员6		任务分工			

2. 工量具、仪器设备与耗材准备

(1)使用的工量具有:_____。

(2)使用的仪器设备有:_____。

(3)使用的耗材有:_____。

3. 具体方案描述

_____
_____
_____
_____

三、计划实施

课堂思政

制动主缸将施加在制动踏板上的机械力和真空助力器的力转变成制动油压,并将具有一定压力的制动液经过制动管路送到各个车轮的制动轮缸(分泵),同学们在更换制动主缸的过程中,要注意回收旧零件和制动液,避免对环境造成污染,培养环保意识。

(一)安全注意事项及技能要点

1. 安全注意事项

(1)在拆卸和安装制动主缸时,应该使用专用的工具,避免使用不合适的工具造成损坏或伤害。

(2)在清洗和装配制动主缸的零件时,应该使用制动液或酒精,禁止使用汽油或煤油,以免损伤皮碗或皮圈。

(3)在更换制动主缸后,应该及时排出制动系统中的空气,以保证制动效果和安全性。

2. 技能要点

(1)制动主缸的外观和内部零件检查。

(2)制动主缸的清洗。

(3)制动主缸的安装。

(二)制动主缸的检查与更换

1. 制动主缸的检查(表3-32)

制动主缸的检查操作方法及说明　　　　　　　　表3-32

步骤	操作方法及说明	质量标准及记录
制动主缸的检查	(1)对车辆进行必要防护。 (2)检查制动主缸的外观,观察是否有渗漏、裂纹、变形现象,特别是注意储液罐、出油口、端口等部位是否有制动液的渗出。	□做好车辆防护 □正确检查制动主缸的外观

续上表

步骤	操作方法及说明	质量标准及记录
制动主缸的检查	(3)检查制动主缸的安装,观察是否牢固,与助力器的连接是否正确,与制动踏板的间隙是否合适,与制动管路的连接是否紧密。 (4)检查制动主缸的工作,观察制动踏板的高度、硬度、行程是否正常,制动液的压力是否足够,制动主缸的回油孔和补偿孔是否畅通,制动主缸的活塞是否卡滞或漏气。 (5)如果发现制动主缸有异常,应及时拆卸并分解,检查制动主缸的内部零件,如活塞、皮碗、弹簧、阀门等,观察是否有磨损、变形、老化、损坏等现象,必要时更换新件。 (6)整理和复位	□正确检查制动主缸的工作 □正确检查制动主缸的内部零件 □按5S要求整理

2. 制动主缸的更换(表3-33)

制动主缸的更换操作方法及说明　　　　　　　表3-33

步骤	操作方法及说明	质量标准及记录
制动主缸的更换	(1)对车辆进行必要防护。 (2)拆卸制动主缸。首先,将制动液从储液罐中放出;然后,拆下制动主缸与制动踏板的连接螺栓,断开制动主缸与制动管路的连接;最后,将制动主缸从车辆上取下。	□做好车辆防护 □正确拆卸制动主缸

续上表

步骤	操作方法及说明	质量标准及记录
制动主缸的更换	（3）清洗制动主缸。用制动液或酒精彻底清洗制动主缸的内外部，禁止用汽油和煤油清洗，以免损伤皮碗、皮圈等橡胶部件。 （4）检查制动主缸。用内径表检查泵体内孔的直径，用千分尺检查活塞的外径，并计算出内孔与活塞之间的间隙值，其标准值为 0～0.106mm，使用极限为 0.15mm，超过极限应更换。检查皮碗、皮圈、弹簧、出油阀门等部件的工作面，不得有磨损、起槽或发胀，否则应更换。 （5）组装制动主缸。将零件装入制动主缸内时，应用制动液润滑，活塞和各橡胶部件都要涂上制动液。将弹簧和活塞装入缸内，用卡环钳装好卡环。安装好后，应检查回油孔，不要让回油孔被皮碗堵住。 （6）安装制动主缸。将制动主缸安装在车辆上，连接制动主缸与制动踏板的连接螺栓，连接制动主缸与制动管路的连接螺栓，注意拧紧力矩，喇叭口螺母为 13～18N·m，制动管与前制动轮缸为 25～30N·m。加满制动液，检查制动踏板的自由行程、踏板高度和踏板硬度，调整至合适。 真空助力器　O形密封圈　制动主缸 （7）排空制动管路的空气。制动主缸更换后，制动管路中会进入空气，影响制动效果，因此，必须进行排气操作。排气操作的方法有多种，常用的有手动排气法、真空排气法、压力排气法等。排气操作的原则是从离制动主缸最远的轮缸开始，依次排气，直到制动管路中的空气完全排出，制动液流出无气泡为止。 （8）整理和复位	□正确清洗制动主缸 □正确组装制动主缸 □正确安装制动主缸 □正确排空制动管路的空气 □按5S要求整理

四、评价反馈

评价反馈填写评价表（表3-34）。

评价表 表3-34

评分项目	评分标准	分值(分)	得分
学习目标	能明确本任务的知识、技能、素养目标,理解任务在工作中的重要程度	5	
工作任务分析	能清晰描述本次工作任务内容	5	
	能清晰描述完成本次工作任务需具备的技能与知识点	5	
有效信息获取	能查资料获取制动主缸的组成	2	
	能查资料获取制动主缸的工作原理	2	
	能就车找到液压管路的布置与检查	2	
	能查资料获取排空制动管路空气的方法	2	
	能查资料获取制动液的性质与更换	2	
实施方案制订	能清晰地制订并填写本次制动主缸检查与更换的准备作业计划	5	
	能组织或协同工作小组成员,明确本次任务所需仪器设备、工具、材料的准备与清点,并做好记录	5	
	能组织或协同工作小组成员交流,优化检查方案并记录	5	
任务实施	能做好车辆防护	5	
	能检查制动主缸的外观	5	
	能检查制动主缸的安装	5	
	能检查制动主缸的工作	5	
	能检查制动主缸的内部零件	3	
	能完成整理和复位	3	
	能拆卸制动主缸	3	
	能清洗制动主缸	3	
	能检查制动主缸	3	
	能组装制动主缸	3	
	能安装制动主缸	3	
	能排空制动管路的空气	3	
任务评价	能通过本次任务实施,结合自己在实训过程中的表现,进行自我评价及自我反思并记录	3	
职业素养	按规定时间完成项目作业	2	
	遵守实训室管理规定、劳动纪律	2	
	积极参与课堂活动、回答问题	2	
	能够按时出勤	2	

续上表

评分项目	评分标准	分值(分)	得分
思政要求	制动主缸检查与更换涉及汽车的制动安全性能,关系到驾驶员和乘客的生命财产安全,应该具备高度的责任心和职业道德,严格按照规范操作。 制动主缸检查与更换是一项技术性很强的工作,要求维修人员能够正确选用和使用工具,熟练查阅维修资料和文献,获取信息,解决问题。 制动主缸检查与更换还是一项需要团队合作的工作,要求维修人员能够进行良好的沟通和协调,共同完成工作任务	5	
总计		100	

改进建议:

教师签字:

日期:

学习活动 9　真空助力装置的检查与更换

一、明确任务

根据任务描述,一辆新能源汽车进厂维修,客户反映踩下制动踏板的同时按下一键起动开关后,车辆上电正常,踩踏制动踏板发现没有制动力,经维修技师初步诊断,确定为真空助力故障,需要对电动真空泵进行检查与更换,使其恢复正常使用性能。

二、工作准备与计划制订

(一)知识准备

1.真空助力装置的作用

真空助力装置的作用是利用真空泵产生的真空和大气压力之差,将制动效果提高几倍,使踩制动踏板更省力,保证安全迅速制动。当真空助力器发生故障时,则不能发挥助力作用,但液压制动器仍能保证行车安全。

2. 真空助力装置的组成

如图 3-18 所示,新能源汽车真空助力系统由真空泵、真空罐、真空泵控制器(后期集成到 VCU 整车控制器里)、真空传感器以及与传统汽车相同的真空助力器、12V 电源组成。

图 3-18 新能源汽车真空助力装置

(1) 真空泵。

真空泵是新能源汽车真空助力装置的核心部件,其作用是产生负压,为整个装置提供真空源。真空泵一般采用电动泵或气动泵,应根据实际需要选择合适的型号和规格。

(2) 真空罐。

真空罐用于储存真空,并通过真空压力传感器感知真空度并把信号发送给真空泵控制器,通常由金属或塑料等材料制成。它与真空泵和助力器等部件相连,通过管道将真空传输到助力器中,如图 3-19 所示。

(3) 真空泵控制器。

真空泵控制器是电动真空系统的核心部件。真空泵控制器根据真空罐真空压力传感器发送的信号控制真空泵工作,如图 3-20 所示。

图 3-19 真空罐

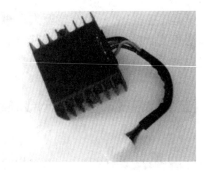

图 3-20 真空泵控制器

(4) 真空助力器。

真空助力器是新能源汽车真空助力装置的主要部件之一,其作用是将真空泵产生的负压转化为制动力,从而增加驾驶员施加在踏板上的力。助力器通常采用机械式或电子式,应根据实际需要选择合适的型号和规格。

(5)真空传感器。

真空传感器是用于监测新能源汽车真空助力装置中真空度的部件,通常安装在管道或储罐中。真空传感器的作用是实时监测真空度,并将信号传输给控制器或仪表等部件,从而控制整个装置的运行。

3. 真空助力装置的工作原理

当车辆起动时,12V电源接通,电子控制系统模块开始自检,如果真空罐内的真空度小于设定值,真空压力传感器输出相应电压值至控制器,此时控制器控制电动真空泵开始工作;当真空度达到设定值后,真空压力传感器输出相应电压值至控制器,此时控制器控制电动真空泵停止工作;当真空罐内的真空度因制动消耗,真空度小于设定值时,电动真空泵再次开始工作,如此循环。纯电动汽车真空助力系统工作原理如图3-21所示。

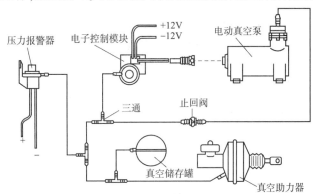

图3-21 纯电动汽车真空助力系统的工作原理

(二)制订工作方案

1. 任务分工(表3-35)

学生任务分配表　　　　　　　　表3-35

班级		组号		指导老师	
组长		任务分工			
组员1		任务分工			
组员2		任务分工			
组员3		任务分工			
组员4		任务分工			
组员5		任务分工			
组员6		任务分工			

2. 工量具、仪器设备与耗材准备

(1)使用的工量具有:_____。

(2)使用的仪器设备有:_____。

(3) 使用的耗材有：_____。

3. 具体方案描述

_____
_____
_____
_____

三、计划实施

课堂思政

真空助力装置作为新能源汽车制动系统核心部件，通过利用真空负压增加驾驶员踩制动踏板的力度，从而提高制动效能，它的稳定性和可靠性对于保障行车安全至关重要。同学们掌握正确的检查与更换技能对于提升安全出行以及推动绿色出行意识普及具有重要作用，有助于培养学生的社会责任感。

(一) 安全注意事项及技能要点

1. 安全注意事项

(1) 正确、规范地使用举升机、万用表、真空表。

(2) 检查过程中做好车辆和个人防护，拆装过程注意安全。

2. 技能要点

(1) 真空管路密封性检查。

(2) 真空助力装置各部件检查。

(3) 真空泵的更换。

3. 思政要求

(1) 具有团结、包容、不畏困难、吃苦耐劳、专注的职业修养。

(2) 树立远大理想，根植爱国主义情怀。

(3) 数据测量做到精益求精，体现工匠精神。

(二) 真空助力装置的检查与更换

1. 真空管路密封性检查 (表 3-36)

真空管路密封性检查操作方法及说明　　　　　　表 3-36

步骤	操作方法及说明	质量标准及记录
真空管路密封性检查	(1) 做好车辆防护。 (2) 拔下真空泵气管。 (3) 连接真空压力表。	□做好车辆防护

续上表

步骤	操作方法及说明	质量标准及记录
真空管路密封性检查	(4)起动车辆进行真空泵真空保压测试,若真空压力在5s达不到55～60kPa,则说明真空罐漏气,应更换真空罐。 (5)观察真空表,以2s一次频率踩制动踏板,检查真空泵被唤醒时的工作情况。 (6)关闭点火开关,熄火状态下进行真空保压测试,观察真空表指针有无移动,检测电动真空助力系统管路有无泄漏。 (7)拆下真空表和三通管。 (8)复原真空管插头位置	□正确使用真空表 □正确判断真空管路密封性是否正常 □按5S要求整理

2. 真空助力装置各部件检查(表3-37)

真空助力装置各部件检查操作方法及说明　　　　表3-37

步骤	操作方法及说明	质量标准及记录
1.真空泵的检查	(1)检查真空泵的外观、连接状态、噪声和振动情况、润滑油。 (2)关闭起动开关,等待5min以上,断开直流母线,使用万用表验电,确保母线电压小于50V。 (3)检查真空泵工作情况,是否存在泄漏。	□做好车辆防护 □正确判断真空泵是否正常

续上表

步骤	操作方法及说明	质量标准及记录
1. 真空泵的检查	(4) 打开起动开关,用万用表检测电动真空泵供电线路。 (5) 检测电动真空泵插接器供电情况。 (6) 拔出真空泵继电器,检测插接线路电压。 (7) 断电后检测真空泵继电器电阻。 (8) 检测真空泵电机线圈电阻。 (9) 装上锁紧弹簧并锁紧。	

续上表

步骤	操作方法及说明	质量标准及记录
1. 真空泵的检查	（10）装上制动灯开关，直到柱塞被完全压住，使得螺栓端与衬垫之间产生适当的间隙。 （11）再拧紧锁紧螺母，接上制动开关插头。 （12）松开制动踏板后确认制动灯熄灭。 （13）调整完毕后，安装转向盘下方的保护罩。 （14）整理和复位	
2. 真空助力器的检查	（1）起动点火开关1~2min后关闭，按正常力量踩下制动踏板若干次，以消除真空助力器内的真空。 （2）用适当的力踩制动踏板，并使踏板留在制动位置上，然后启动点火开关。 （3）若感觉制动踏板的位置有所下降，说明真空助力器功能正常，若无则说明真空管路漏气或真空助力器失效	□正确检查制真空助力器
3. 真空泵控制器的检查	检查真空泵控制器接插件是否连接牢固，用万用表检查真空泵控制器的供电、搭铁线、信号线供电是否正常，检查熔断器是否正常	□正确检查真空泵控制器
4. 真空传感器的检查	用万用表检查真空传感器的供电电压、信号电压是否正常	□正确检查真空传感器
5. 整理	按5S要求整理工具和场地	□按5S要求整理

3. 真空泵更换（表3-38）

真空泵更换操作方法及说明　　　　　　　　　　　表3-38

步骤	操作方法及说明	质量标准及记录
真空泵更换	（1）准备工具。 （2）安装车内外防护用品。 （3）将驻车制动器置于P挡，拉起驻车制动器操纵杆，并关闭点火开关。 （4）断开辅助蓄电池负极。 （5）断开电动真空泵线束连接器。	□做好车辆防护 □正确断开相关连接器 □正确拆卸真空泵

续上表

步骤	操作方法及说明	质量标准及记录
真空泵更换	(6)断开电动真空泵真空管路。 (7)拆下电动真空泵支架固定螺栓,取下电动真空泵,并清洁所在区域。 (8)将新的相同型号的电动真空泵安装在车辆上,安装固定螺栓并达到标准力矩,安装电动真空泵真空管路、线束连接器,安装辅助蓄电池的负极。 (9)打开点火开关,检查仪表信息是否正常,检查真空助力泵工作状态。 (10)取下车内外防护用品,清洁工具并复原,打扫场地卫生	□正确安装新的真空泵 □按5S要求整理

四 评价反馈

评价反馈填写评价表(表3-39)。

评价表   表3-39

评分项目	评分标准	分值(分)	得分
学习目标	能明确本任务的知识、技能、素养目标,理解任务在工作中的重要程度	5	
工作任务分析	能清晰描述本次工作任务内容	2	
	能清晰描述完成本次工作任务需具备的技能与知识点	2	

续上表

评分项目	评分标准	分值(分)	得分
有效信息获取	能查资料获取真空助力装置的作用	2	
	能查资料获取真空助力装置各部件的组成及工作原理	2	
	能查资料获取真空助力装置各部件的位置及作用	2	
	能查资料获取真空助力装置各部件检查方法和更换步骤	2	
实施方案制订	能清晰地制订并填写本次真空助力装置检查与调整的准备作业计划	5	
	能组织或协同工作小组成员,明确本次任务所需仪器设备、工具、材料的准备与清点,并做好记录	5	
	能组织或协同工作小组成员交流,优化检查方案并记录	5	
任务实施	能做好真空管路密封性检查操作方法及说明的车辆防护	5	
	能使用真空表检查真空管密封性	5	
	能对不同状态情况下真空压力进行检测	5	
	能做好真空助力装置各部件检查操作方法及说明的车辆防护	3	
	能使用真空泵检查万用表	3	
	能检查真空泵的插接线	5	
	能测量真空泵的电机线圈电阻、继电器电阻	3	
	能检查真空助力器	5	
	能检查真空泵控制器	5	
	能检查真空传感器	3	
	能做好真空泵的更换的操作方法及说明的车辆防护	3	
	能完成对真空泵的拆卸	3	
	能完成对真空泵的安装	3	
任务评价	能通过本次任务实施,结合自己在实训过程中的表现,进行自我评价及自我反思并记录	3	
职业素养	按规定时间完成项目作业	2	
	遵守实训室管理规定、劳动纪律	2	
	积极参与课堂活动、回答问题	3	
	能够按时出勤	2	
思政要求	具有团结、包容、不畏困难、吃苦耐劳、专注的职业修养和环境意识,树立远大理想,根植爱国主义情怀	5	
总计		100	
改进建议:			

教师签字:
日期:

习题

一、单选题

1. 调整踏板自由行程时,如果自由行程不符合标准值,可通过调节( )来改变其自由行程。
   A. 制动开关　　　　B. 制动片　　　　C. 制动液　　　　D. 制动盘

2. 若自由行程过( ),则制动作用时间延长,制动距离增加,制动性能变差。
   A. 大　　　　　　　B. 小　　　　　　C. 短　　　　　　D. 急

3. 检查调整行车制动踏板自由行程和驻车制动自由行程是汽车底盘( )维护作业内容。
   A. 一级　　　　　　B. 二级　　　　　C. 日常　　　　　D. 特殊

4. 轮速传感器的检查不包括以下哪个。( )
   A. 外观检查　　　　B. 线路检查　　　C. 信号测试　　　D. 防水测试

5. 轮速传感器通常安装在车轮处,但有些车型上则设置在( )。
   A. 主减速器或变速器中　　　　　　　B. 发动机上
   C. 半轴处　　　　　　　　　　　　　D. 差速器中

6. 下列对轮速传感器的主要功能描述更准确的是( )。
   A. 检测车轮轮速　　　　　　　　　　B. 检测车轮加、减速度
   C. 检测汽车的角速度　　　　　　　　D. 检测车轮轮速并输入 ECU

7. 霍尔式轮速传感器主要由( )和传感头组成。
   A. 轮毂轴承　　　　B. 磁铁　　　　　C. 轮毂　　　　　D. 齿圈

8. 滑移率为 0 时,车轮( )。
   A. 完全滑动　　　　　　　　　　　　B. 完全滚动
   C. 可能滑动也可能滚动　　　　　　　D. 不知道

9. 当出油阀打开、进油阀关闭时,ABS 控制在( )。
   A. 保压阶段　　　　B. 升压阶段　　　C. 减压阶段

10. ABS 系统进入升压阶段时( )。
    A. 进油阀关闭,出油阀关闭　　　　　B. 进油阀打开,出油阀打开
    C. 进油阀关闭,出油阀打开　　　　　D. 进油阀打开,出油阀关闭

11. DOT4 制动液含水率超过( )时需要更换制动液。
    A. 1%　　　　　　 B. 2%　　　　　　C. 3%　　　　　　D. 4%

12. 制动液其制动工作压力一般为( )。
    A. 2MPa　　　　　 B. 4MPa　　　　　C. 6MPa　　　　　D. 8MPa

13. 制动液储液罐与制动主缸位于发动机舱的( )。
    A. 左侧　　　　　　B. 右侧　　　　　C. 中间　　　　　D. 下方

14. 制动管路的作用是将从制动主缸取得的制动液传递到各个( )。

  A. 制动轮缸　　　　B. 制动片　　　　C. 制动液　　　　D. 制动盘

15. 制动管路应具有平滑的表面,以减少(　　)和摩擦损失。

  A. 空气阻力　　　　B. 液体阻力　　　　C. 摩擦阻力　　　　D. 金属阻力

16. 制动管路的材料应具有足够的强度和(　　),以应对制动时产生的压力和高温环境。

  A. 耐腐蚀性　　　　B. 绝缘性　　　　C. 导电性　　　　D. 特殊性

17. 汽车制动盘的结构分为实心型和通风型两种,下列说法正确的是(　　)。

  A. 实心型制动盘的厚度一般在 20~22.5mm 之间

  B. 通风型制动盘的厚度一般在 10~13mm 之间

  C. 通风型制动盘可以降低温升 20%~30%

  D. 实心型制动盘的散热性能优于通风型制动盘

18. 汽车制动盘的材质主要有铸铁、碳纤维陶瓷和复合材质三种,下列说法错误的是(　　)。

  A. 铸铁制动盘是最常见的材质,具有成本低、耐磨性好的优点

  B. 碳纤维陶瓷制动盘是最高端的材质,具有质量轻、耐高温、不易变形的优点

  C. 复合材质制动盘是将两种不同的材质结合起来,可以减轻质量、提高散热效率

  D. 复合材质制动盘的中心盘的厚度一般在 7.5~9mm 之间

19. 汽车制动盘的磨损程度可以通过以下(　　)方法判断。

  A. 观察制动盘的表面是否有裂纹、痕迹或变色

  B. 测量制动盘的厚度是否低于最小允许值

  C. 感受制动时是否有异常的声音、振动或拉偏现象

  D. 以上方法都可以

20. 当制动片摩擦材料厚度小于(　　)时,需建议用户更换。

  A. 8mm　　　　B. 6mm　　　　C. 4mm　　　　D. 2mm

21. 下列关于制动钳导销情况,须更换导销或护套,说法错误的是(　　)。

  A. 导销移动受限　　　　　　　　B. 制动钳安装托架松动

  C. 制动钳导销卡死或卡滞　　　　D. 护套开裂或破损

22. 制动主缸的作用是(　　)。

  A. 将制动液的压力传递给车轮制动器

  B. 将制动踏板的力转换成制动液的压力

  C. 将制动液的流量控制在一定范围内

  D. 将制动液的温度降低到一定程度

23. 制动主缸的清洗时,应使用(　　)。

  A. 汽油或煤油　　　　　　　　B. 制动液或酒精

  C. 清水或肥皂水　　　　　　　D. 任何一种溶剂

24. 制动主缸的检查项目包括( )。
    A. 制动液的液位和颜色　　　　　　B. 制动主缸的外观和连接
    C. 制动踏板的行程和硬度　　　　　　D. 上述都是

25. 起动车辆进行真空泵真空保压测试,若真空压力在5s达不到( ),则说明真空罐漏气,更换真空罐。
    A. 20～30kPa　　　B. 40～45kPa　　　C. 55～60kPa　　　D. 60～65kPa

26. 用适当的力踩制动踏板,并使踏板留在制动位置上,然后起动点火开关;若感觉制动踏板的位置有所下降,说明( )。
    A. 真空助力器功能正常　　　　　　B. 真空助力器功能失效
    C. 真空管路漏气　　　　　　　　　D. 真空泵不正常

27. 新能源汽车制动无力时,首先应检查的是( )。
    A. 制动踏板高度　　　　　　　　　B. 电池电量
    C. 真空泵工作状态　　　　　　　　D. 电机控制单元

28. 制动系统中,若制动液含水率过高,可能导致的问题是( )。
    A. 制动异响　　　　　　　　　　　B. 制动过热
    C. 制动无力　　　　　　　　　　　D. 制动盘磨损加剧

29. 以下哪项不是导致新能源汽车制动无力的原因？( )
    A. 真空泵失效　　　　　　　　　　B. 制动片磨损严重
    C. 电机故障　　　　　　　　　　　D. 制动液泄漏

30. 制动液液面下降,且检查未发现明显泄漏,最可能的原因是( )。
    A. 制动片磨损　　　　　　　　　　B. 制动油管破裂
    C. 真空泵油封泄漏　　　　　　　　D. 电池冷却系统漏水

31. 新能源汽车制动系统通常采用的助力方式是( )。
    A. 机械式助力　　　B. 真空助力　　　C. 液压助力　　　D. 电动助力

32. 液压制动系统在( )之前,一定要排出制动管中的空气。
    A. 添加制动液　　　B. 制动试验　　　C. 维修　　　D. 更换摩擦块

33. 下列关于制动系统的表述,正确的是( )。
    A. 拆卸制动鼓(或制动钳)后,不能再踏动制动踏板
    B. 应该在调整制动蹄间隙前,先调整驻车制动器的行程
    C. 因制动液没有腐蚀性,即使落在油漆面上,漆面也不会受损
    D. 拆卸制动鼓(或制动钳)后,能再踏动制动踏板

34. 在新能源汽车中,制动无力故障可能由以下哪个部件引起？( )
    A. 驱动电机　　　B. 制动主缸　　　C. 真空泵　　　D. 空调压缩机

35. 当制动踏板位置很低且再次踩踏时位置不能升高,感觉发硬,这通常表明( )。
    A. 制动鼓磨损　　　　　　　　　　B. 真空泵失效
    C. 制动液不足　　　　　　　　　　D. 制动主缸堵塞

36. 制动系统中,真空助力器的主要作用是( )。
    A. 增加制动力矩   B. 降低制动噪声
    C. 调节制动液压力   D. 冷却制动系统

37. 新能源汽车制动系统通常采用( )类型的制动液。
    A. 矿物油制动液   B. 醇型制动液
    C. 合成制动液   D. 甘油型制动液

38. 制动管路泄漏会导致( )。
    A. 制动拖滞   B. 制动噪声   C. 制动失灵   D. 制动跑偏

39. 新能源汽车制动无力时,首先应检查( )。
    A. 动力电池电量   B. 制动液液面
    C. 真空泵工作状态   D. 制动踏板传感器

40. 制动系统中,( )负责将踏板的机械能转换为液压能。
    A. 制动蹄   B. 制动主缸
    C. 制动鼓   D. 真空助力器

41. 制动液液面下降的常见原因不包括( )。
    A. 制动蹄片磨损   B. 制动轮缸活塞卡住
    C. 真空泵漏油   D. 制动液蒸发

42. 新能源汽车制动系统中,如何检查制动主缸是否渗漏?( )
    A. 目视检查外部是否有油渍   B. 踩踏制动踏板听是否有异响
    C. 测量主缸推杆与活塞间隙   D. 以上都是

43. 制动主缸皮碗破裂会导致( )。
    A. 制动踏板过硬   B. 制动踏板过低
    C. 制动时车辆跑偏   D. 制动时有异响

44. 新能源汽车制动无力,首先应考虑检查( )的工作状态。
    A. 驱动电机   B. 真空助力系统   C. 动力电池   D. 空调系统

45. 制动液中含水率过高时,可能导致( )。
    A. 制动踏板过硬   B. 制动距离变长
    C. 制动时异响   D. 制动液泄漏

46. 制动系统中,负责将制动液压力分配到各个车轮的是( )。
    A. 制动主缸   B. 制动轮缸   C. 制动卡钳   D. 制动管路

47. 真空助力器失效会导致制动踏板感觉( )。
    A. 轻盈   B. 沉重   C. 抖动   D. 无变化

48. 新能源汽车中,电动真空泵的主要作用是( )。
    A. 提供动力给驱动电机   B. 冷却电池组
    C. 为制动系统提供真空助力   D. 辅助空调系统

49. 制动蹄片过度磨损会导致( )。

A. 制动噪声增加　　　　　　　　　B. 制动距离缩短

C. 制动无力　　　　　　　　　　　D. 制动时车辆跑偏

50. 在检修新能源汽车制动无力时,通常不会首先检查(　　)。

A. 真空泵工作状态　　　　　　　　B. 制动液质量及液面

C. 动力电池 SOC　　　　　　　　　D. 制动主缸及轮缸

二、判断题

1. 在进行制动踏板高度调整时,总是边调整边测量。（　　）
2. 储油罐制动液液位低于规定值,应该及时添加制动液到规定值。（　　）
3. 更换完轮速传感器后需要进行测试和调整,确保传感器能够正常工作。（　　）
4. 使用数字式万用表测量电阻时,量程选得越大越好。（　　）
5. 当车辆高速转弯时,后轮抱死,车辆会失去转向能力。（　　）
6. 液压控制单元里的回油泵里有两个活塞。（　　）
7. ABS 系统工作时,制动踏板会有抖动现象。（　　）
8. 制动液是液压制动系统中传递制动压力的液态介质。（　　）
9. 制动液黏温性好,凝固点低,低温流动性好;沸点高,高温下不产生气阻。（　　）
10. 制动管路应具有可靠的密封性能,以防止制动液泄漏。（　　）
11. 制动管路的管径应符合规定,以确保在制动过程中能够承受足够的压力和流量。（　　）
12. 制动盘的热容量越大,制动性能越好。（　　）
13. 制动盘的磨损主要由制动片的材质、硬度和摩擦系数决定。（　　）
14. 制动片的检查可以不进行零件拆卸,直接目视检查。（　　）
15. 如果左前轮的制动片因为磨损接近极限进行了更换,那么所有车轮的制动片也必须同时更换。（　　）
16. 制动片表面若出现严重烧蚀或开裂等现象,则必须进行更换。（　　）
17. 制动主缸使用后出现故障,一般情况下不需要修理。但若无新件更换,也需要检查修理。检查主缸活塞与缸筒之间的间隙若超过规定,或缸筒壁有划痕,必须更换制动主缸。（　　）
18. 制动主缸排气,应从距主缸最远的轮缸开始。（　　）
19. 新能源汽车制动无力时,更换电池即可解决问题。（　　）
20. 制动液含水率超过 3% 时,必须更换制动液,以免影响制动性能。（　　）
21. 真空泵损坏会导致新能源汽车制动踏板感觉沉重,但不影响制动效果。（　　）
22. 检查制动系统时,应首先检查制动液的品质和液位高度。（　　）
23. 新能源汽车的制动系统与传统燃油车完全相同。（　　）
24. 新能源汽车制动无力故障一定是由真空泵失效引起的。（　　）

25. 制动液液位下降一定是由于制动蹄片磨损造成的。（   ）
26. 制动主缸渗漏会导致制动踏板过低且制动无力。（   ）
27. 新能源汽车制动系统可以不使用真空助力器。（   ）
28. 制动管路泄漏会直接影响制动系统的制动力。（   ）
29. 制动液在低温下必须具备良好的流动性。（   ）
30. 制动轮缸活塞卡住会导致制动液液位下降。（   ）
31. 制动系统中的真空泵不需要定期维护。（   ）
32. 制动主缸皮碗破裂可以通过目视检查外部油渍来判断。（   ）
33. 新能源汽车制动无力时,应先检查动力电池是否充满电。（   ）
34. 新能源汽车制动无力一定与动力电池电量无关。（   ）
35. 制动系统中,制动液应定期更换以保证其性能。（   ）
36. 真空助力器失效会导致制动系统完全失效。（   ）
37. 制动轮缸卡滞不会影响制动液的液位高度。（   ）
38. 制动蹄片磨损严重是导致制动无力的常见原因之一。（   ）
39. 新能源汽车制动系统中,必须使用特定类型的合成制动液。（   ）
40. 制动主缸密封性不良会导致制动液泄漏,但不会影响制动效果。（   ）

三、简答题

1. 为什么新能源汽车的制动系统需要定期进行维护和检查？
2. 简述新能源汽车制动无力的可能原因及初步检查步骤。
3. 在检修新能源汽车制动无力故障时,为什么需要特别注意真空泵的状态？
4. 如何判断制动液是否需要更换？
5. 在新能源汽车制动系统的故障诊断中,如何运用故障码来辅助诊断？
6. 阐述如何检查新能源汽车的真空助力系统,以判断其是否工作正常。
7. 介绍 ABS 系统故障对制动性能的影响,并说明如何进行 ABS 系统的故障诊断。

学习任务四

新能源汽车行驶跑偏故障检修

学习目标

1. 知识目标

(1) 能准确说出轮胎的作用、类型及轮胎规格的表示方法。

(2) 能准确说出车轮定位的定义、作用及原理。

(3) 能准确描述定位参数的类型、作用及原理。

(4) 能准确说出悬架的作用、组成及分类。

(5) 能准确说出车桥的作用、组成及分类。

2. 技能目标

(1) 能阅读维修手册等技术材料,对轮胎外观以及胎压进行检查,并独立完成更换工作。

(2) 能阅读维修手册等技术材料,进行车轮定位与调整。

(3) 能阅读维修手册等技术材料,对悬架进行检查,并独立完成更换工作。

(4) 能阅读维修手册等技术材料,对车桥进行检查,并独立完成更换工作。

3. 素养目标

(1) 培养正确的劳动态度,弘扬劳动精神、奋斗精神、奉献精神。

(2) 通过掌握故障检修流程,具备分析问题和解决问题的能力。

(3) 能在工作结束后按照7S管理规定整理、恢复作业场地,养成良好的工作习惯,展示中国工匠可爱、可信、可敬的形象。

参考学时

60学时。

一辆新能源汽车进厂维修,客户反映在汽车行驶时出现跑偏现象。经班组长初步检查,判断为行驶系统故障,需要对其进行检修。

学习活动1　轮胎的检查与更换

一、明确任务

根据任务描述,经过路试和初步检查,怀疑故障是轮胎损坏导致的,为了确定故障原因,需要对轮胎进行检查与更换,使其恢复正常使用性能。

二、工作准备与计划制订

(一)知识准备

1. 轮胎的作用

轮胎安装在轮辋上,直接与路面接触,它的作用包括以下方面。

(1) 承受重力和传递力矩:承受汽车的重力,并传递其他方向的力和力矩。

(2) 保证乘坐舒适性和行驶平顺性:和汽车悬架共同来缓和汽车行驶中所受到的冲击,并衰减由此产生的振动,以保证汽车有良好的乘坐舒适性和行驶平顺性。

(3) 保证附着性:车轮和路面有良好的附着性,以提高汽车的动力性、制动性和操纵稳定性。

2. 轮胎的分类

按照用途不同,汽车轮胎可分为轿车轮胎和载货汽车轮胎两种。

按照胎体结构不同,汽车轮胎可分为充气轮胎和实心轮胎(图4-1)。现在汽车绝大多数采用充气轮胎,而实心轮胎目前仅用在沥青混凝土路面干线上行驶的低速汽车或重型挂车上。由于不同的分类标准,充气轮胎又可分为不同的类型。

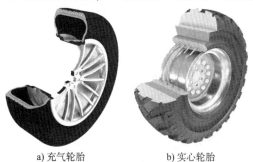

a) 充气轮胎　　　　b) 实心轮胎

图4-1　按胎体结构分类

(1) 充气轮胎按组成结构分类。

按组成结构不同,充气轮胎分为有内胎轮胎和无内胎轮胎。

有内胎轮胎具有良好的承重性,可以减少汽车行驶过程中的冲击力,但其安全性低、易磨损。相比有内胎轮胎,无内胎轮胎安全性高、节油环保,得到了广泛的应用。

(2) 充气轮胎按胎体帘线排列方式分类。

按胎体帘线排列方式不同,充气轮胎分为普通斜交线轮胎、子午线轮胎,如图4-2所示。

a) 普通斜交线轮胎结构　　b) 子午线轮胎结构

图4-2　按胎体帘线排列方式分类

(3) 充气轮胎按胎内工作压力分类。

按胎内工作压力的大小,充气轮胎分为高压胎、低压胎和超低压胎,如图4-3所示。一般胎内气压在0.5~0.8MPa为高压胎,0.15~0.45MPa为低压胎,0.15MPa以下为超低压胎。

a) 高压胎　　b) 低压胎　　c) 超低压胎

图4-3　按胎内工作压力分类

目前,轿车、货车几乎全部采用低压胎。因为低压胎弹性好、断面宽,与道路接触面积大,壁薄而散热性好,所以提高了汽车行驶平顺性、转向操纵的稳定性,同时,道路和轮胎本身的寿命也得以延长。但由于橡胶性能的改善,已使轮胎负荷能力大为提高,虽然轮胎气压已在高压胎范围,但轮胎的缓冲性能仍保持原来规格的低压胎性能,这类轮胎国内外仍将其归于低压胎之列。

(4) 充气轮胎按胎面花纹分类。

按胎面花纹不同,充气轮胎分为普通花纹轮胎、越野花纹轮胎、混合花纹轮胎,如图4-4所示。

a) 普通花纹轮胎　　b) 越野花纹轮胎　　c) 混合花纹轮胎

图 4-4　按胎面花纹分类

为了增加轮胎与路面之间的附着力,防止纵、横向滑移,在台冠上制成各种形式的花纹。普通花纹轮胎的花纹细而浅,花纹块接地面积大,因而耐磨性和附着性较好,适用于较好路面。越野花纹轮胎的凹部深而宽,花纹呈块状规则排列,花纹块较大,沟纹深,因而能提高轮胎的抓地性能和驱动力,适合在一般硬路面上行驶、牵引力比较大的中型或重型货车使用。混合花纹轮胎介于普通花纹轮胎与越野花纹轮胎之间,其特点是脸面中部具有方向各异或以纵向为主的窄花纹沟槽,两侧具有方向各异或以横向为主的宽花纹沟槽,这样的花纹搭配使混合花纹轮胎的综合性能好,适应能力强,它既适用于良好的硬路面,也适用于碎石路面、雪泥路面和松软路面。

3. 轮胎的结构

目前应用比较广泛的是有内胎充气轮胎和无内胎充气轮胎。有内胎充气轮胎由外胎、内胎和垫圈带组成,如图 4-5 所示。外胎的结构根据其骨架材料的帘布层结构不同,可分为普通斜交线和子午线轮胎。

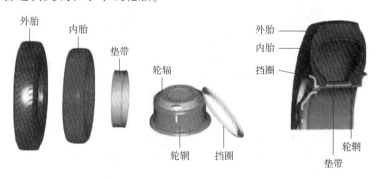

图 4-5　有内胎充气轮胎结构

（1）外胎。

外胎是用耐磨橡胶制成强度较高而又有弹性的外壳,直接与地面接触。它由胎面、帘布层、缓冲层及胎圈组成,如图 4-6 所示。胎面是外胎的外表面,由胎冠、胎肩和胎侧组成。胎冠也称行驶面,它与路面接触,直接承受冲击与磨损。为使轮胎与地面有良好的附着性能,在胎冠上制成各种形式的花纹。胎肩是较厚的胎冠和较薄的胎侧

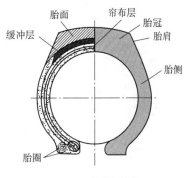

图 4-6 外胎的结构

间的过渡部分,一般也有各种花纹以防滑和散热。胎侧是贴在帘布层侧壁的薄橡胶层,其作用是保护侧部分的帘布层免受机械损伤及水分侵蚀。

帘布层(也称胎体)是外胎的骨架,其主要作用是承受负荷(汽车重力、路面冲击力和内部气压),保持轮胎外缘尺寸和形状。帘布层通常由多层胶化的棉线或其他纤维编织物组成。帘布层的帘线按一定角度交叉排列,帘布的层次越多,强度越大,但弹性越小。一般在外胎表面上注有帘布层数。

缓冲层位于胎面和帘布层之间,质软而弹性大。其作用是加强胎面与帘布层之间的接合,能有效防止汽车紧急制动时胎面与帘布层脱离,并缓和汽车行驶时所受到的不平路面的冲击。

普通斜交线轮胎是帘布层和缓冲层各相邻层帘线交叉,且与胎面中心线呈小于90°排列的充气轮胎,如图4-7所示。其帘布层通常由成双数的多帘布用橡胶贴合而成,帘布的帘线与轮胎子午断面一般为52°~54°,该轮胎的特点是工作噪声小,外胎面柔软,低速行驶时乘坐舒适性好,价格便宜。

子午线轮胎用钢丝或者纤维织物作帘布层,其帘线与胎面中心线的夹角接近90°,从一侧胎边穿过胎面,到另一侧胎边。帘线这样分布就像地球上的子午线,故称子午线轮胎,如图4-8所示。由于子午线轮胎的帘线呈这样的环形排列,故它的帘布层数比普通轮胎减少一半,因而胎体柔软,而缓冲层层数较多,提高了胎面的刚度和强度。

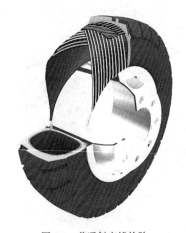
图 4-7 普通斜交线轮胎

图 4-8 子午线轮胎

子午线轮胎与普通斜交线轮胎相比,具有耐磨性好、弹性大、行驶里程长、滚动阻力小、节约燃料、承载能力大、减振性能和附着性能好、胎面耐刺穿和自重轻等优点。但其胎侧易裂口,胎圈易损坏,横向稳定性差,且制造成本高。国内外轿车及一些中型载货汽车广泛用子午线轮胎。

胎圈是帘布层的根基,帘布层靠胎圈固装在轮辋上。胎圈由钢丝圈、帘布层包圈和胎圈包布组成。

（2）内胎。

内胎是一个环形的橡胶管，其上有气门嘴，以便充气和放气。内胎具有良好的弹性、耐热性和密封性。

（3）垫带。

垫带在内胎和轮辋之间，保护内胎不被轮辋和胎圈磨伤，并防止尘土及水汽侵入胎内。

（4）无内胎充气轮胎。

无内胎充气轮胎由黏层、橡胶密封层、轮辋等组成，如图4-9所示。它没有内胎和垫带，空气直接压入外胎中，其密封性是由外胎和轮辋来保证的。由于没有内胎以及内胎与轮辋之间的垫带，消除了内外胎之间的摩擦，并使热量从轮辋直接散出来，故无内胎轮胎行驶时的温度较普通轮胎低20%～25%。以利于提高车速，且寿命比普通轮胎约长20%，并有结构简单、质量轻的特点。此外，轮胎内壁上附加了一层厚2～3mm的自粘层，当轮胎被刺穿后，自粘层的橡胶处于压缩状态而紧箍刺物，使得轮胎不漏气或漏气很慢，因此，这种轮胎的突出优点是安全。但其制造材料和工艺要求高，途中修理比较困难，无内胎轮胎近年来应用非常广泛，轿车几乎均使用无内胎轮胎。

4. 轮胎规格标记方法

世界各国汽车轮胎规格标记都有自己的标准，但基本上大同小异。轮胎规格标记一般采用英制，但也有英制和米制混合表示的，我国两种标记都采用。

（1）轮胎的主要尺寸规格可用外胎直径D、轮辋直径d、断面宽B和断面高H的名义代号，如图4-10所示。

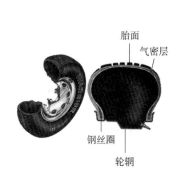

图4-9　无内胎充气轮胎

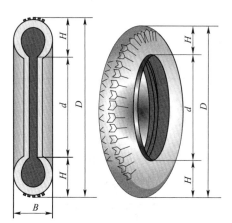

图4-10　轮胎尺寸标记

D-轮胎外径；d-轮胎内径；H-轮胎断面高度；B-轮胎断面宽度

（2）轮胎的高宽比是指轮胎的断面高度（H）与断面宽度（B）的百分比，也称为扁平率，表示为$H/B(\%)$。扁平率可表明轮胎在不同行驶状况下的适应性。扁平率高的轮胎为高断面轮胎；反之，称为低断面轮胎。

(3) 轮胎最高速度是指在规定条件(路面级别、轮辋名义直径)下,在规定的持续行驶时间内,允许使用的最高车速。将轮胎最高速度(km/h)分为若干级,用字母表示,称为速度级别符号,目前有 25 个,表 4-1 仅摘录了一部分。

轮胎的速度级符号与最高行驶速度(摘自 GB/T 2978—1989)　　　　表 4-1

轮胎速度级别符号	轮胎最高行驶速度(km/h)	轮胎速度级别符号	轮胎最高行驶速度(km/h)
L	120	R	170
M	130	S	180
N	140	T	190
P	150	U	200
Q	160	H	210

(4) 轮胎负荷指数指的是在规定的条件(轮胎最高速度、最大气压等)下轮胎负荷能力的数字符号。轮胎负荷指数用 LI 表示,轮胎的负荷能力用 TLCC 表示,轮胎的负荷指数与负荷能力对应关系见表 4-2。

轮胎的负荷指数与负荷能力对应关系　　　　表 4-2

轮胎负荷指数(LI)	轮胎负荷能力(TLCC)(N)	轮胎负荷指数(LI)	轮胎负荷能力(TLCC)(N)
79	4370	84	5000
80	4500	85	5150
81	4620	86	5300
82	4750	87	5450
83	4870	88	5600

(5) 轮胎规格表示方法,我国轿车轮胎规格表示方法参照欧洲标准,如图 4-11 所示。

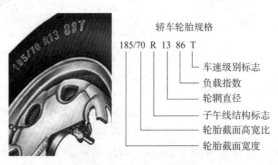

图 4-11　轮胎规格表示方法

(二)制订工作方案

1. 任务分工(表4-3)

学生任务分配表　　　　　　　　表4-3

班级		组号		指导老师	
组长		任务分工			
组员1		任务分工			
组员2		任务分工			
组员3		任务分工			
组员4		任务分工			
组员5		任务分工			
组员6		任务分工			

2. 工量具、仪器设备与耗材准备

(1)使用的工量具有：_____。

(2)使用的仪器设备有：_____。

(3)使用的耗材有：_____。

3. 具体方案描述

_____

_____

_____

_____

三　计划实施

课堂思政

劳动创造幸福,实干成就伟业,一勤天下无难事。同学们在学习过程中,应该崇尚劳动、辛勤劳动,培养劳动精神,不仅可以强化技能、提升个人素质,更能彰显劳动的力量,弘扬中华优秀传统文化。

(一)安全注意事项及技能要点

1. 安全注意事项

(1)使用举升机需检查车辆是否牢固。

(2)取下轮胎固定螺栓时,需用手固定轮胎,以免发生车轮坠落的情况。

(3) 使用动平衡仪时,需确认轮胎安装牢固。

2. 技能要点

(1) 轮胎的基本检查操作。

(2) 轮胎的拆装操作。

(3) 车轮轮胎动平衡仪操作。

(二) 轮胎的检查与更换

1. 轮胎的基本检查(表 4-4)

轮胎的基本检查操作方法及说明　　　　　　表 4-4

步骤	操作方法及说明	质量标准及记录
1. 清理轮胎花纹中的杂物	(1) 举升车辆至合适位置,并锁止汽车举升机。 (2) 使用一字螺钉旋具清理轮胎花纹中的杂物	□ 正确使用举升机 □ 正确使用工具清理轮胎花纹中的杂物
2. 轮胎外观检查	检查轮胎是否有扎钉、裂纹、损伤、鼓包和异常磨损等情况	□ 正确判断轮胎有无扎钉 □ 正确判断轮胎有无裂纹 □ 正确判断轮胎有无损伤 □ 正确判断轮胎有无鼓包 □ 正确判断轮胎有无其他异常磨损
3. 轮辋检查	检查轮辋是否有变形、腐蚀和损伤等情况	□ 正确判断轮辋有无变形 □ 正确判断轮辋有无腐蚀 □ 正确判断轮辋有无损伤 □ 正确判断轮辋有无其他异常情况

续上表

步骤	操作方法及说明	质量标准及记录
4. 轮胎花纹深度检查	使用轮胎花纹深度尺测量轮胎花纹深度	□正确使用轮胎花纹深度尺 □正确判断轮胎花纹深度是否符合标准
5. 轮胎胎压检查	（1）旋下轮胎气嘴防尘帽，使用泡沫水涂抹至轮胎气嘴上，检查轮胎气嘴是否有漏气现象。 （2）取出轮胎压力表，并连接压缩气体。将轮胎压力表连接至轮胎气嘴上，检查轮胎气压是否在正常范围之内	□正确判断轮胎气嘴是否漏气 □正确使用轮胎压力表 □正确判断轮胎胎压是否正常

2. 车轮轮胎动平衡检测（表4-5）

车轮轮胎动平衡检测操作方法及说明　　　　　　表4-5

步骤	操作方法及说明	质量标准及记录
1. 车轮拆卸	（1）使用轮胎装饰盖拆卸夹拆卸车轮固定螺栓4个装饰盖。 （2）使用套筒、接杆、指针式扭力扳手组合工具按照对角顺序预松轮胎固定螺母。 （3）举升车辆至合适位置，并锁紧汽车举升机。 （4）使用套筒、接杆、棘轮扳手组合工具拆卸轮胎固定螺母	□正确使用组合工具拆卸轮胎 □正确使用举升机

续上表

步骤	操作方法及说明	质量标准及记录
2.车轮轮胎动平衡检测	（1）用手取下半轴固定螺母盖。 （2）选用合适的动平衡锥体装入动平衡仪上。 （3）将车轮装入动平衡上，在车轮另一侧安装合适的动平衡仪锥体。 （4）使用快速螺母固定车轮。 （5）打开动平衡仪电源。 （6）查看轮胎侧轮辋直径，并输至平衡仪上。 （7）使用轮辋宽度测量尺测量轮胎，并输至动平衡仪上。 （8）拉出测量尺测量轮胎边距，并输至平衡仪上。 	□正确使用动平衡仪 □正确测量轮胎参数 □正确判断轮胎动平衡情况

续上表

步骤	操作方法及说明	质量标准及记录
2. 车轮轮胎动平衡检测	(9)确认安全后按下开始按钮,让车轮在动平衡仪上转动。 (10)当车轮停止旋转后,检查车轮左右两侧动平衡量数据。 (11)若测试结束后仍存在不平衡,需取出轮辋上的平衡块重新检测,直至车轮动平衡量接近0。 (12)关闭动平衡仪电源,取下轮胎。 (13)整理工位	□按照7S要求整理
3. 车轮安装	(1)将车轮装入轮毂上,并用手旋入车轮固定螺栓。 (2)使用套筒、接杆、棘轮扳手组合工具安装车轮固定螺母。 (3)将车辆降至轮胎着地。 (4)使用套筒、接杆、定扭式扭力扳手组合工具按对角顺序紧固车轮至规定力矩。 (5)安装5个轮胎固定螺栓装饰盖。 (6)整理工位	□正确使用组合工具安装轮胎 □按照7S要求整理

四 评价反馈

评价反馈填写评价表(表4-6)。

评价表　　　　　　　　　　　　　　　　　表4-6

评分项目	评分标准	分值(分)	得分
学习目标	能明确本任务的知识、技能、素养目标,理解任务在工作中的重要程度	5	
工作任务分析	能清晰描述本次工作任务内容	2	
	能清晰描述完成本次工作任务需具备的技能与知识点	2	
有效信息获取	能清晰描述轮胎的作用	2	
	能清晰说出轮胎的分类	2	
	能清晰说出轮胎的结构	2	
	能掌握轮胎规格的表示方法	2	

续上表

评分项目	评分标准	分值(分)	得分
实施方案制订	能清晰地制订并填写轮胎检查与更换的准备作业计划	5	
	能组织或协同工作小组成员,明确本次任务所需仪器设备、工具、材料的准备与清点,并做好记录	5	
	能组织或协同工作小组成员交流,优化检查方案并记录	5	
任务实施	能正确使用举升机	2	
	能正确使用工具清理轮胎花纹中的杂物	2	
	能正确判断轮胎有无扎钉	2	
	能正确判断轮胎有无裂纹	2	
	能正确判断轮胎有无损伤	2	
	能正确判断轮胎有无鼓包	2	
	能正确判断轮胎有无其他异常磨损	2	
	能正确判断轮辋有无变形	2	
	能正确判断轮辋有无腐蚀	2	
	能正确判断轮辋有无损伤	2	
	能正确判断轮辋有无其他异常情况	2	
	能正确对轮胎花纹深度进行检查	2	
	能正确判断轮胎气嘴是否漏气	2	
	能正确对轮胎胎压进行检查	2	
	能正确地使用工具对轮胎进行拆卸	4	
	能正确使用轮胎动平衡仪	4	
	能正确测量轮胎参数	4	
	能正确判断轮胎动平衡情况	4	
	正确安装平衡块,使轮胎达到平衡	4	
	能正确使用组合工具安装轮胎	4	
任务评价	能通过本次任务实施,结合自己在实训过程中的表现,进行自我评价及自我反思并记录	3	
职业素养	按规定时间完成项目作业	2	
	遵守实训室管理规定、劳动纪律	2	
	积极参与课堂活动、回答问题	2	
	能够按时出勤	2	
思政要求	有正确的劳动态度,弘扬劳动精神、奋斗精神、奉献精神	5	
总计		100	

续上表

改进建议：
教师签字： 日期：

学习活动2 四轮定位的检查与调整

一、明确任务

根据任务描述，经过维修技师试车，确认故障现象，并发现车辆左右前轮轮胎有不均匀磨损，需要对车辆做四轮定位，使其恢复正常使用性能。

二、工作准备与计划制订

（一）知识准备

1. 车轮定位的定义

为了保持汽车直线行驶的稳定性、转向的轻便性和减小轮胎与机件间的磨损，车轮、转向节和车桥与车架应保持一定的相对位置，这种具有一定相对位置的安装称为车轮定位。

车轮定位包括前轮定位和后轮定位，统称为四轮定位。前轮定位包括主销后倾、主销内倾、前轮外倾及前轮前束。后轮定位包括后轮外倾和后轮前束。

2. 四轮定位参数

四轮定位参数指转向前轮和转向后轮的定位参数。转向桥在保证汽车转向功能的同时，还应使转向轮有自动回正作用，以保证汽车稳定直线行驶。即当转向轮偶遇外力作用发生偏转时，一旦作用的外力消失，应该立即自动回到原来直线行驶的位置。

（1）主销后倾。

主销安装到前轴上后，在纵向平面内，其上端略向后倾斜，这种现象称为主销后倾。在纵向垂直平面内，主销轴线与垂线之间的夹角 γ 称为主销后倾角，如图4-12所示。

主销后倾的作用是保持汽车直线行驶的稳定性,并力图使转弯后的前轮自动回正。后倾角越大,车速越高,前轮的稳定性越强,但后倾角过大会造成转向盘沉重,一般 γ<3°。有些轿车和客车的轮胎气压较低,弹性较大,行驶时由于轮胎与地面的接触面中心向后移动,引起稳定力矩增加,故后倾角可以减小到接近于零,甚至为负值(即主销前倾)。

(2)主销内倾。

主销安装到前轴上后,在横向平面内,其上端略向内倾斜,这种现象称为主销内倾。在横向垂直平面内,主销轴线与垂线之间的夹角 β 称为主销内倾角,如图 4-13 所示。

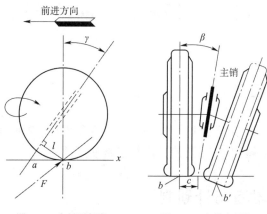

图 4-12　主销后倾角　　图 4-13　主销内倾角

主销内倾的作用是使前轮自动回正,转向轻便。主销内倾角越大或前轮转角越大,则汽车前部抬起就越大,前轮的自动回正作用就越明显,但转向时转动转向盘费力,转向轮的轮胎磨损增加,一般主销内倾角控制在 5°~8°之间。

主销后倾和主销内倾都有使汽车转向自动回正、保持直线行驶位置的作用。但主销后倾的回正作用与车速有关,而主销内倾的回正作用几乎与车速无关。因此,高速行驶时主销后倾的回正作用起主导地位,而低速行驶时则主要靠主销内倾起回正作用。此外,直行时前轮偶尔遇到冲击而偏转,也主要靠主销后倾起回正作用。

(3)前轮外倾。

前轮安装在车轴上,其旋转平面上方相对于纵向平面略向外倾斜,这种现象称为前轮外倾。前轮旋转平面与纵向垂直平面之间的夹角 α 称为前轮外倾角,如图 4-14 所示。

前轮外倾的作用在于提高了前轮工作的安全性和操纵轻便性。由于主销和衬套之间、轮毂与轴承等处都存在有间隙,若空车时车轮垂直地面,则满载后,车桥将因承载变形,可能会出现车轮内倾,这样将会加剧汽车轮胎磨损。另外,路面对轮胎的垂直反作用力沿轮毂的轴向分力,将使轮毂外端的小轴承及轮毂紧固

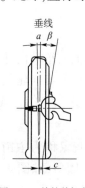

图 4-14　前轮外倾角

螺母的负荷加重,严重时使车轮脱出。因此,为了使轮胎磨损均匀和减轻轮毂外轴承的负荷,安装车轮时预先使车轮有一定的外倾角,以防车轮出现内倾。同时,车轮有了外倾角也可以与拱形路面相适应。前轮外倾角大虽然对安全和操纵有利,但是过大的外倾角将使轮胎横向偏磨增加,油耗增多,一般前轮外倾角为1°左右。

(4)前轮前束。

汽车两个前轮安装后,在通过车轮轴线而与地面平行的平面内,两车轮前端略向内偏,这种现象称为前轮前束。左右两车轮后方距离 A 与前方距离 B 之差($A-B$)称为前轮前束值,如图4-15所示。

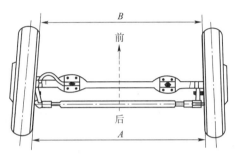

图4-15 前轮前束(俯视图)

前轮前束的作用是消除行驶过程中因前轮外倾而使两前轮向外张开的不利影响。由于前轮外倾,当车轮在地方纯滚动时,车轮将向外侧方向运动,实际上装在汽车上的两个前轮只能向正前方滚动,因而两车轮具有前束时,两车轮在向前滚动时会产生向内侧的滑动。这样,由车轮外倾和前轮前束使两前轮产生的滑动方向相反,可以互相抵消,从而使两前轮基本上是纯滚动而无滑动地向前运动。此外,前轮前束还可以抵消滚动阻力造成的前轮前部向外张开的作用,使两前轮基本上是平行地向前滚动。

前轮前束可通过改变横拉杆的长度来调整。调整时,可根据各厂家规定的测量位置,使两前轮前后距离差 $A-B$ 符合规定的前束值。测量位置除图4-15所示的位置外,还可取两车轮刚圈内侧面处的前后差值,也可以取两轮胎中心平面处的前后差值。一般前束值为 0 ~ 12mm。

(5)后轮外倾。

地面垂直线与后轮中心线之间形成的夹角称为后轮外倾角,包括正外倾和负外倾。当后轮顶部向外倾斜时,后轮外倾角为正;当后轮顶部向内倾斜时,后轮外倾角为负,如图4-16所示。为了对载荷进行补偿,采用独立悬架的大多数车轮常带有一个较小的后轮外倾角。

(6)后轮前束。

后轮前束的作用与前轮前束的作用基本相同。后轮前束指后轮从正前方位置向内或向外的偏转程度,后轮向内转时,后轮前束为正,后轮向外转时,后轮前束为负,如图4-17所示。一般前驱汽车,前驱动轮宜采用正前束,后从动轮宜采用负前束;对于后驱汽车,前从动轮宜采用负前束,后驱动轮采用正前束。

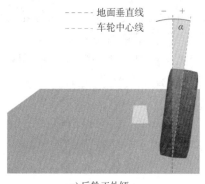 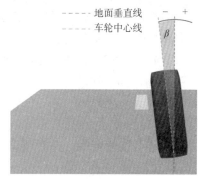

a) 后轮正外倾　　　　　　　　b) 后轮负外倾

图 4-16　后轮外倾

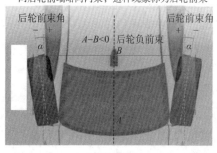 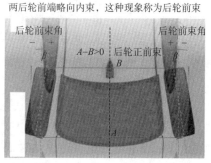

a) 后轮负前束　　　　　　　　b) 后轮正前束

图 4-17　后轮前束

3. 四轮定位仪的应用

(1) 一般车辆行驶 20000km 或者一年时间,需要做四轮定位。

(2) 轮胎出现异常磨损,需要做四轮定位。

(3) 转向盘过轻、过重或异常发抖时,需要做四轮定位。

(4) 发生事故维修后或更换轮胎后,需要做四轮定位。

(5) 确定转向盘是正的,但发现车会跑偏,需要做四轮定位。

(6) 当更换底盘的一些零部件后,例如转向横拉杆、悬架等,需要做四轮定位。

(二) 制订工作方案

1. 任务分工 (表 4-7)

学生任务分配表　　　　　　　　　　表 4-7

班级		组号		指导老师	
组长		任务分工			
组员 1		任务分工			
组员 2		任务分工			

续上表

班级		组号		指导老师	
组员3		任务分工			
组员4		任务分工			
组员5		任务分工			
组员6		任务分工			

2. 工量具、仪器设备与耗材准备

(1) 使用的工量具有：_____。

(2) 使用的仪器设备有：_____。

(3) 使用的耗材有：_____。

3. 具体方案描述

_____

_____

_____

_____

三 计划实施

课堂思政

四轮定位关乎着汽车直线行驶的稳定性，凸显精益求精的工匠精神。同学们在实训过程中也要求真务实、一丝不苟，认真解决实训中遇到的问题和难点，提升专业技术水平。

（一）安全注意事项及技能要点

1. 安全注意事项

(1) 使用举升机需检查车辆是否牢固。

(2) 安装轮胎卡具时，确认卡具安装牢固，以免发生坠落的情况。

2. 技能要点

(1) 轮胎的基本检查操作。

(2) 横拉杆、球头、防尘套、悬架及稳定杆等检查操作。

(3) 车轮定位仪操作。

（二）四轮定位的检查与调整

四轮定位的检查与调整见表4-8。

四轮定位的检查与调整操作方法及说明　　　　表 4-8

步骤	操作方法及说明	质量标准及记录
1. 准备工作	(1) 安装防护套。 (2) 将车辆停放在专用检测台上，并确认车辆为空载状态。 (3) 转向盘转至直线行驶位置。 (4) 确认各车轮停放在转向盘中心位置。 (5) 车辆举升到适当位置，并锁止。 	□ 正确安装防护套 □ 正确调整车辆状态 □ 正确使用举升设备
2. 轮胎的检查	(1) 安装举升机垫块，举升小剪平板，使车轮离开转角盘 10cm 左右。 (2) 检查轮胎胎压是否符合标准，并记录数据。 (3) 检查轮胎花纹是否严重磨损，并记录数据	□ 正确判断轮胎胎压是否正常 □ 正确判断轮胎花纹深度是否符合标准
3. 底盘的检查	(1) 检查横拉杆有无弯曲、损坏和松旷等情况。 (2) 检查横拉杆球头是否松动。 (3) 检查横拉杆防尘套是否有损坏、卡扣是否有松动。 (4) 检查下悬架臂是否有损坏、螺旋是否松动。 (5) 检查前稳定杆有无变形或松旷。 (6) 检查后减振器弹簧与后减振器有无异常	□ 正确判断横拉杆有无弯曲、损坏和松旷等 □ 正确判断横拉杆球头是否松动 □ 正确判断横拉杆防尘套是否有损坏、卡扣是否有松动 □ 正确判断下悬架臂是否有损坏、螺旋是否松动 □ 正确判断前稳定杆有无变形或松旷 □ 正确判断后减振器弹簧与后减振器有无异常

续上表

步骤	操作方法及说明	质量标准及记录
4. 四轮定位仪的安装	(1)把传感器的四个支架分别夹在四轮的轮辋上,安装传感器,调整传感器上的水平仪,使传感器调到水平位置,然后锁紧4个传感器。 (2)打开车轮定位仪开关,按下主机开关,计算机立即进入初始测量界面,输入客户资料和车辆信息。 (3)按照屏幕的提示,在规定位置输入轮胎编号、气压、胎纹测量数据,轮胎气压单位为 kPa,胎纹深度单位为 mm,保留小数点后两位	□ 正确安装夹具和传感器 □ 正确输入客户资料和车辆信息
5. 偏位补偿	(1)按设备要求,进行四轮偏位补偿。按照屏幕的提示,然后举升平板至检测高度(参见定位仪设置文件),进入滚动补偿界面。检查转向盘是否基本对中,安装定位仪卡具,解除驻车制动,将车辆从转向盘中心向后推,根据屏幕指示再推回转盘中心至转角盘中心,完成偏位补偿操作,放置挡块。	□ 正确进行偏位补偿

续上表

步骤	操作方法及说明	质量标准及记录
5. 偏位补偿	（2）正确补偿后显示车辆测量值。 （3）补偿结束后，拔出转角盘和后滑板的固定销	
6. 调整前检测	（1）实施驻车制动，安装制动锁和扩展反光板，拔出转角盘和后滑板固定销，移除转角盘垫块。 （2）点击"测量后倾角"按钮，按照屏幕提示回正方向，若已在绿色区域，自动跳转到下一步。 （3）按照屏幕的提示，将转向盘先对中，然后右转20°，将转向盘回正后再左转20°，然后回正。 （4）车轮对中后，操作人员要及时躲开，避免阻挡摄像头拍摄后目标板，测量值在屏幕上显示。	□正确安装制动锁和扩展反光板 □正确拔出转角盘和后滑板固定销 □正确根据提示，进行转向盘左右转20°测量，并得到数据

续上表

步骤	操作方法及说明	质量标准及记录
6. 调整前检测	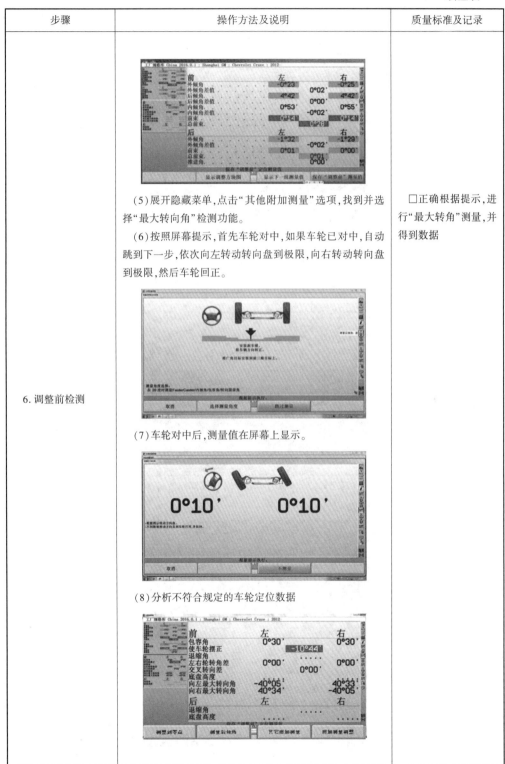 (5)展开隐藏菜单,点击"其他附加测量"选项,找到并选择"最大转向角"检测功能。 (6)按照屏幕提示,首先车轮对中,如果车轮已对中,自动跳到下一步,依次向左转动转向盘到极限,向右转动转向盘到极限,然后车轮回正。 (7)车轮对中后,测量值在屏幕上显示。 (8)分析不符合规定的车轮定位数据	□正确根据提示,进行"最大转角"测量,并得到数据

续上表

步骤	操作方法及说明	质量标准及记录
7. 四轮定位调整	(1) 安装制动锁和固定转向盘。 (2) 使用举升机把车轮举升至合适高度。 (3) 根据屏幕显示,对不合格项逐项进行调试,直至符合要求。 (4) 用扳手旋转后下控制臂螺母,将后轮外倾角调整到规定值。 (5) 用扳手旋转后横拉杆,将后轮前束值调整到规定值。 (6) 用扳手旋转悬架螺母,将前轮外倾角调整到规定值。	□ 正确安装制动锁和固定转向盘 □ 正确调整后轮外倾角 □ 正确调整后轮前束 □ 正确调整前轮外倾角

续上表

步骤	操作方法及说明	质量标准及记录
7. 四轮定位调整	（7）用扳手旋转转向球头横拉杆，将前轮前束值调整到规定值。 （8）全部调整完毕后，重新进行测试，直至全部符合要求	□正确调整前轮前束 □正确进行调整后测试
8. 结束	（1）程序恢复到定位初始界面。 （2）拆卸传感器、制动锁等工具，将车辆复位	□按照7S要求整理

四、评价反馈

评价反馈填写评价表（表4-9）。

评价表 表4-9

评分项目	评分标准	分值(分)	得分
学习目标	能明确本任务的知识、技能、素养目标,理解任务在工作中的重要程度	5	
工作任务分析	能清晰描述本次工作任务内容	2	
	能清晰描述完成本次工作任务需具备的技能与知识点	2	
有效信息获取	能清晰描述车轮定位的定义	2	
	能清晰描述车轮定位的作用	2	
	能清晰说出四轮定位的参数	2	
	能掌握四轮定位仪的应用	2	
实施方案制订	能清晰地制订并填写四轮定位检查与调整的准备作业计划	5	
	能组织或协同工作小组成员,明确本次任务所需仪器设备、工具、材料的准备与清点,并做好记录	5	
	能组织或协同工作小组成员交流,优化检查方案并记录	5	
任务实施	能正确安装防护套、使用举升机、调整车辆状态	2	
	能正确检查轮胎情况	2	
	能正确对横拉杆、球头以及防尘套进行检查	2	
	能正确对下悬架臂进行进行检查	2	
	能正确对轮胎花纹深度进行检查	2	
	能正确对前稳定杆进行检查	2	
	能正确对后减振器弹簧与后减振器进行检查	2	
	能正确安装传感器	2	
	能正确输入客户资料和车辆信息	2	
	能正确进行偏位补偿	2	
	能正确安装制动锁和扩展反光板	2	
	能正确拔出转角盘和后滑板固定销	2	
	能正确进行转向盘左右转20°测量	2	
	能正确进行"最大转角"测量	2	
	能正确安装制动锁和固定转向盘	2	
	能正确调整后轮外倾角	5	
	能正确调整后轮前束	5	
	能正确调整前轮外倾角	5	
	能正确调整前轮前束	5	
	能正确进行调整后测试	2	

续上表

评分项目	评分标准	分值(分)	得分
任务评价	能通过本次任务实施,结合自己在实训过程中的表现,进行自我评价及自我反思并记录	3	
职业素养	按规定时间完成项目作业	2	
	遵守实训室管理规定、劳动纪律	2	
	积极参与课堂活动、回答问题	2	
	能够按时出勤	2	
思政要求	有正确的劳动态度,弘扬劳动精神、奋斗精神、奉献精神	5	
	总计	100	

改进建议:

教师签字:
日期:

学习活动3 悬架的检查与更换

 明确任务

根据任务描述,经过路试和初步检查,怀疑是悬架系统故障导致的,为了确定故障原因,需要对悬架进行检查与更换,使其恢复正常使用性能。

二 工作准备与计划制订

(一)知识准备

1. 悬架的作用

悬架是车架(或承载式车身)与车桥(或车轮)之间一切传力连接装置的总称。

悬架的作用是:把路面作用于车轮上的垂直反力(支承力)、纵向反力(驱动力和制动力)和侧向反力,以及这些反力所形成的力矩传递到车架(或承载式车身)上;与轮胎一起,吸收和缓冲路面不平所造成的振动和冲击,提高乘客的乘坐舒适性和运输货物的安全性。

2. 悬架的组成

悬架系统一般由弹性元件、减振器、导向机构三部分组成,如图4-18 所示。

图4-18 悬架的组成

(1)弹性元件(承受并传递垂直载荷)。

汽车悬架采用的弹性元件主要有钢板弹簧、螺旋弹簧、扭杆弹簧、气体弹簧和橡胶弹簧。

①钢板弹簧:钢板弹簧是汽车悬架中应用最广泛的一种弹性元件,是由若干片等宽但不等长(厚度可以相等,也可以不相等)的合金弹簧片组合而成的一根近似等强度的弹性梁,如图4-19 所示。钢板弹簧结构简单,工作可靠,成本低廉,维修方便。它既是悬架的弹性元件,又是悬架的导向装置。它的一端与车架铰接,可以传递各种力和力矩,并决定车轮的跳动轨迹。同时,它本身也有一定的摩擦减振作用。因此,钢板弹簧广泛用于非独立悬架上。

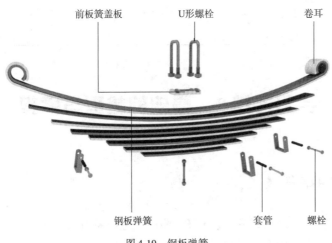

图4-19 钢板弹簧

②螺旋弹簧:螺旋弹簧广泛应用于独立悬架,特别是前轮独立悬架,其安置所需的纵向空间不大,弹簧本身质量小。

螺旋弹簧本身没有减振作用,因此在螺旋弹簧悬架中必须另装减振器。此外,螺旋弹簧只能承受垂直载荷,故必须装设导向机构以传递垂直力之外的各种力和力矩。螺旋弹簧用弹簧钢棒料卷制而成,可做成等螺距或变螺距两种(图4-20)。

③扭杆弹簧:扭杆弹簧是一根弹簧钢支撑的金属杆,扭杆断面通常为圆形,少数为管形和矩形,其两端形状可以做成花键、方形、六角形或带有平面的圆柱形等,以便一端固定在车架上,另一端固定在悬架的摆臂上,摆臂则与车轮相连。扭杆弹簧有纵向和横向两种安装形式,其中,横向安装的使用频率较高,如图4-21 所示。

扭杆弹簧一端与车架连接固定,另一端通过摆臂与车轮相连。当车轮遇到地面障碍物后向上跳动时,车轮会带动摆臂绕着扭杆轴线转动一定角度,使扭杆发生扭转变形(弹性变形)。同时扭杆扭转变形所储存的弹性变形能,会在车轮脱离障碍物时释放,使传力机构和车轮迅速回位。

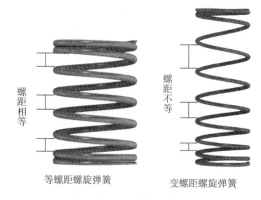

图 4-20 螺旋弹簧

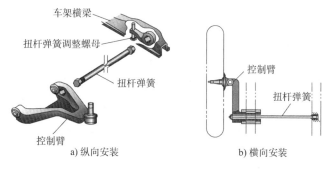

图 4-21 扭杆弹簧

采用扭杆弹簧的悬架质量较轻,结构比较简单,也无须润滑,并且通过调整扭杆弹簧的固定端的安装角度,易实现车身高度的自动调节。扭杆弹簧单位体积存储的弹性能较大,弹簧质量小,与螺旋弹簧相比,扭杆弹簧结构紧凑,便于布置。扭杆弹簧在越野车和轻型客、货车上应用的比较多。

④气体弹簧:气体弹簧是在一个密封的容器中充入压缩气体,利用气体的可压缩性实现其弹簧作用的。这种弹簧的刚度是可变的,因为作用在弹簧上的载荷增加时,容器内的定量气体气压升高,弹簧的刚度增大。反之,当载荷减小时,弹簧内的气压下降,刚度减小,故它具有较理想的弹性特性。

气体弹簧分为空气弹簧和油气弹簧两种类型。空气弹簧又有囊式和膜式两种型式。油气弹簧分为单气室、双气室以及两级压力式。

气体弹簧只能承受轴向载荷,因此气体弹簧悬架中必须设置纵向和横向推力杆等导向机构,同时还必须设有减振器。

⑤橡胶弹簧:橡胶弹簧利用橡胶本身的弹性来起弹性元件的作用。橡胶弹簧形状不受限制,有较大的弹性变形,容易实现非线性要求,减振隔音效果良好。由于橡胶的内摩擦较大,因此橡胶弹簧具有一定的减振能力。橡胶弹簧多用作悬架的副簧和缓

冲块。

(2)减振器(衰减振动)。

减振器是为加速车架与车身振动的衰减,以改善汽车行驶平顺性(舒适性)的器具,在大多数汽车的悬架系统内部装有减振器。减振器和弹性元件是并联安装的。减振器的类型包括双向作用筒式减振器、充气式减振器、阻力可调式减振器、电流变减振器与磁流变减振器。

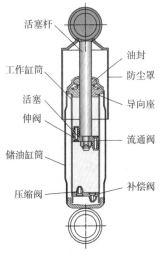

图4-22 双向作用筒式减振器

①双向作用筒式减振器:双向作用筒式减振器一般由4个阀、3个缸筒、2个吊耳和1个活塞及活塞杆等组成,如图4-22所示。其工作原理是当车架与车桥做往复相对运动,而活塞在缸筒内往复移动时,减振器内的油液通过阀上窄小的孔隙从两相互隔离的内腔间往复流动,由于孔壁与油液间的摩擦及液体分子的内摩擦形成了阻尼力,从而将车身振动的机械能转化为热能被油液和壳体吸收,然后散入大气。阻尼力与通过油液通道的截面积、阀门弹簧刚度及油液黏度有关。

②充气式减振器:充气式减振器由1个缸筒、2个活塞、1个密封圈、2个阀组成,工作缸内装有工作活塞和浮动活塞,工作活塞在上,浮动活塞在下,将工作缸分割为三部分,如图4-23所示。浮动活塞下部与缸筒间形成的密闭气室内充满高压氮气,浮动活塞边缘处的大断面O形密封圈,将浮动活塞上方的油液与下方氮气分开。工作活塞上设有能随活塞运动速度变化而改变通道过流面积的压缩阀和伸张阀,两阀均由一组厚度相同、直径不等、由大到小排列的弹簧钢片组成。

当车轮相对车架运动时,工作活塞在油液中往复运动,使工作活塞的上、下腔之间产生油压差,之后压力油推开压缩阀或伸张阀来回流动。由于阀对压力油产生较大阻尼力,使振动衰减。活塞杆的存在而引起的缸筒容积变化,由浮动活塞上、下运动来补偿。

③阻力可调式减振器:缸筒内装有活塞,活塞中部孔内又装有空心连杆,空心连杆上端固定在气室下壳上,在空心连杆内还装有柱塞杆及柱塞。柱塞杆上端顶靠在弹簧座及膜片上。弹簧座和柱塞杆之间装有弹簧。空心连杆的下端靠近活塞上表面处做有节流孔,如图4-24所示。

ECU传递信号给电动机,通过控制阻尼调节杆相对活塞杆转动,调节节流孔的大小改变阻尼力。

④电流变减振器与磁流变减振器:电流变减振器与磁流变减振器属于新型减振器。电流变液体是指在电场作用下,其流变性质能迅速发生变化的一类流体;磁流变液体是一种磁性软粒悬浮液,当液体被注入减振器活塞内的电磁线圈后,线圈的磁场将改变其流变特性(或产生流体阻力)。

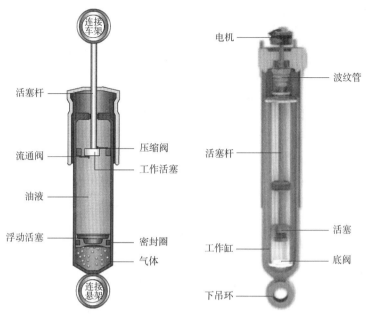

图 4-23 充气式减振器　　图 4-24 阻力可调式减振器

(3) 导向机构(传递除垂直力以外的各种力和力矩)。

悬架中某些传力构件同时还承担着使车轮按一定轨迹相对于车架和车身跳动的任务,因而这些传力构件还起导向作用,故称导向机构。导向机构由控制臂和推力杆组成。

①控制臂根据控制臂在车上布置形式不同,可分为纵臂、横臂和斜臂三种。

②推力杆用来在车轮与车架之间传递力,并对车轮相对车架(身)的运动关系有影响。推力杆有横向推力杆与纵向推力杆之分。

3. 悬架的分类

按悬架的结构分类,汽车悬架可分为非独立悬架和独立悬架两大类,如图 4-25 所示。

a) 非独立悬架　　　　　　　b) 独立悬架

图 4-25 悬架的分类

按控制形式的不同,悬架可分为被动式悬架和主动式悬架两大类。被动式悬架指传统悬架,其主要由弹性元件、减振器和导向机构组成,前文已经介绍。主动式悬架指电子控制悬架,它既能使汽车的乘坐舒适性令人满意,又能使汽车的操纵稳定性达到最佳状态。

非独立悬架系统的结构特点是两侧车轮由一根整体式车架相连,车轮连同车桥一起通过弹性悬架系统悬挂在车架或车身的下面,当一侧车轮因道路不平而跳动时,必然引起另一侧车轮在横向平面内发生摆动。非独立悬架系统具有结构简单、成本低、强度高、维护容易、行车中前轮定位变化小的优点,但由于其舒适性及操纵稳定性都相对较差,在现代轿车中只有成本控制比较严格的车型才会使用,更多的用于货车和大型客车上。汽车后悬架通常采用非独立悬架。

独立悬架的车轴分成两段,每只车轮用螺旋弹簧独立地安装在车架(或车身)下面,当一边车轮发生跳动时,另一边车轮不受波及,汽车的平稳性和舒适性好。但这种悬架构造较复杂、承载力小。现代轿车前后悬架大多采用了独立悬架,并已成为一种发展趋势。

麦弗逊式悬架是当今世界应用最广泛的轿车前悬架之一。麦弗逊式悬架由螺旋弹簧、减振器、三角形下摆臂组成,绝大部分车型还会加上横向稳定杆,如图4-26所示。简单来说麦弗逊式悬架就是螺旋弹簧套在减振器上组成,减振器可以避免螺旋弹簧受力时向前、后、左、右偏移的现象,限制弹簧只能做上下方向的振动,并可以用减振器的行程长短及松紧,来设定悬架的软硬及性能。麦弗逊式悬架主要优点:拥有良好的响应性和操控性,该悬架结构简单、占用空间小、非簧载质量小、响应较快、制造成本低、发动机及转向系统易于布置、能与多种弹簧相匹配及能实现车身高度自动调节等,适合布置大型发动机以及装配在小型车身上。

图4-26 麦弗逊式独立悬架结构

主动悬架系统主要有空气悬架、油气弹簧悬架和带路况预测传感器悬架。其工作原理是:由传感器检测系统运动的状态信号,反馈到电控单元(ECU),然后由ECU发出指令给执行机构主动力发生器,构成闭环控制。通常采用电液伺服液压缸作为主动力发生器,它由外部油源提供能量,主动力发生器产生主动控制力作用于振动系统,自动改变弹簧刚度和减振器阻尼特性参数。主动悬架除控制振动外,还可以控制汽车的姿态和高度。

4. 汽车悬架常见故障以及维修方法

(1)故障现象:转向沉重或转向盘回位不良。

故障原因:车轮定位不当或轮胎气压异常,悬架控制臂球节润滑不良、"咬死"或损坏。

排除方法:进行四轮定位或对轮胎充气到正常气压,润滑或更换悬架控制臂球节。

(2)故障现象:悬架导致车身侧倾过大。

故障原因:减振器损坏,横向稳定杆弹力减弱或连接杆损坏,横向控制杆或下悬架控制臂磨损严重。

排除方法:检查并更换减振器,更换稳定杆或连接杆,更换横向控制杆或下悬架控制臂,进行四轮定位或对轮胎充气到正常气压。

(3)故障现象:悬架万向节传动轴有噪声。

故障原因:传动轴变形,万向节磨损严重。

排除方法:校正或更换传动轴,更换万向节。

(4)故障现象:悬架前轮摆动或跑偏。

故障原因:轴承损坏,车轮轮毂产生偏距,轮钢的钢圈螺栓松动,车轮不平衡,前轮定位角不正确,下摆臂或转向横拉杆的球头销磨损或松动,左右前减振器损坏或变形,转向节、减振器及下摆臂的紧固螺栓松动,两前轮的气压不一致。

排除方法:更换轴承,更换轮毂,按规定力矩紧固钢圈螺栓,进行车轮动平衡测试和调整,校正前轮的前束和外倾角,更换球头销,更换前减振器,按规定力矩紧固螺栓,充气到正常气压。

(5)故障现象:悬架异响。

故障原因:下摆臂的前后橡胶衬套磨损、老化或损坏,螺旋弹簧失效或弯折,减振器活塞杆与缸筒磨损严重,减振器、转向节、下摆臂的连接螺栓松动。

排除方法:更换衬套,更换螺旋弹簧,更换减振器,紧固松动的螺栓。

(二)制订工作方案

1. 任务分工(表4-10)

学生任务分配表　　　　　　　　　　表4-10

班级		组号		指导老师	
组长		任务分工			
组员1		任务分工			
组员2		任务分工			
组员3		任务分工			
组员4		任务分工			

续表

班级		组号		指导老师	
组员5		任务分工			
组员6		任务分工			

2. 工量具、仪器设备与耗材准备

(1)使用的工量具有：_____。

(2)使用的仪器设备有：_____。

(3)使用的耗材有：_____。

3. 具体方案描述

_____

_____

_____

_____

三 计划实施

课堂思政

悬架可以提高乘客乘坐的舒适性和安全性，各部件相互配合，吸收和缓冲振动冲击，凸显出共同协作的团结力量。同学们在实训中也要强调合作，共同探讨、解决实训中的问题，提升对专业技术的掌握能力。

（一）安全注意事项及技能要点

1. 安全注意事项

(1)使用举升机需检查车辆是否牢固。

(2)规范使用拆装工具等专用工具。

(3)拆装过程注意物品掉落，避免造成人员伤害。

2. 技能要点

(1)悬架相关部件的检查要点。

(2)悬架的拆装操作。

(3)拆装工具等专用工具的使用方法和规范。

(4)针对任务中，客户反映行驶跑偏的现象，结合知识准备所学内容，重点对减振器及下摆臂进行检查更换。

(二)悬架的检查与更换

1. 悬架的拆解(表4-11)

悬架的拆解操作方法及说明　　　　　　　　　　表4-11

步骤	操作方法及说明	质量标准及记录
1. 前转向节拆卸	(1)使用组合工具对半轴固定螺母拆卸。 (2)使用组合工具拆卸制动盘。 (3)使用指针式扭力扳手和球头拆除器拆卸前转向节	□正确使用举升机 □正确使用工具 □正确并妥善放置取下的轮速传感器线束与制动油管
2. 前减振器总成拆解	(1)前减振器总成拆卸。	□正确使用工具拆卸前减振器固定螺母和活塞杆固定螺母 □妥善安置取下的前减振器总成

续上表

步骤	操作方法及说明	质量标准及记录
2. 前减振器总成拆解	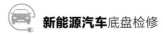 (2)前减振器总成分解： ①使用减振器拆装工具拆卸减振弹簧。 ②使用一字螺丝刀拆掉防尘盖。 ③使用组合工具拆卸活塞杆固定螺母。 ④拆卸前减振器弹簧上座衬套和上座组合。 ⑤拆卸前减振器防尘罩，拆卸前减振器缓冲体。 ⑥拆卸前减振器弹簧下缓冲垫。 ⑦将减振器从减振器拆装工具上取下	
3. 前下摆臂拆卸	(1)使用撬棒拆卸半轴总成。 (2)使用组合工具拆卸横向稳定杆拉杆2颗固定螺母。 (3)使用组合工具预松前下摆臂前、后部固定螺栓。 (4)取下前下摆臂总成，并妥善安置	□正确使用工具 □正确拆卸前下摆臂的顺序
4. 横向稳定杆拆卸	(1)拆卸驱动桥及副车架总成。 (2)使用组合工具预松横向稳定杆压板4颗固定螺栓。 (3)使用组合工具拆卸并取下横向稳定杆压板4颗固定螺栓。 (4)取下横向稳定杆，并妥善放置	□固定螺栓拆卸需分为预松、拆卸、取下3个步骤

2. 悬架的检查与安装(表4-12)

悬架的检查与安装操作方法及说明　　　　　　表4-12

步骤	操作方法及说明	质量标准及记录
1. 横向稳定杆安装	(1)将横向稳定杆放置于副车架上，并将横向稳定杆压板孔位与副车架孔位对齐。 (2)使用组合工具紧固横向稳定杆压板4颗固定螺栓至规定拧紧力矩。 (3)安装驱动桥及副车架总成	□正确使用组合工具 □横向稳定杆有4颗固定螺栓，其规定拧紧力矩是120N·m

续上表

步骤	操作方法及说明	质量标准及记录
1. 横向稳定杆安装		
2. 前下摆臂检查与安装	（1）检查前下摆臂衬套是否老化和损坏，检查前下摆臂总成是否有变形、锈蚀和脱焊等情况。 （2）将下摆臂总成与副车架孔位对齐并旋入前后固定螺栓。 （3）使用组合工具安装下摆臂前、后部固定螺栓。 （4）检查防尘套是否有漏油、龟裂和损伤。 （5）使用组合工具安装横向稳定杆拉杆固定螺母。 （6）检查半轴球笼防尘套是否有破损和老化。	□在安装螺栓时，使用到的专用工具是定扭式扭力扳手 □下摆臂前部固定螺栓和后部固定螺栓的规定拧紧力矩分别为210N·m和280N·m □横向稳定杆拉杆固定螺母的规定拧紧力矩是80N·m □安装过程中不得损坏防尘罩和油封

续上表

步骤	操作方法及说明	质量标准及记录
2. 前下摆臂检查与安装	(7) 用手转动半轴球笼，检查转动过程中是否有卡滞和异响。 (8) 检查半轴花键轴和螺纹是否有损坏，将半轴总成装入减速器上	□ 按照7S要求整理
3. 前减振器总成检查与装配	(1) 前减振器总成检查： ①检查前减振器油封是否漏油。 ②检查前减振器活塞杆和减振筒是否有变形、弯曲、锈蚀和凹陷等情况。 ③检查前减振器弹簧支架是否有变形、脱焊等情况。 ④压缩和伸展前减振器活塞杆，检查是否有异常阻力或异响。 ⑤检查前减振器弹簧下缓冲垫是否有破损和老化。 ⑥检查前减振器防尘罩和压力轴承是否有破损和损坏。 ⑦检查前减振器弹簧上座是否有损坏。 ⑧检查前减振器缓冲垫是否有破损和老化。 (2) 前减振器总成组装： 使用减振器拆装工具压缩安装减振弹簧。 (3) 前减振器总成安装： ①将前减振器装入车身孔位中，并旋入3颗固定螺母。 ②使用组合工具安装紧固减振器3颗固定螺母。 ③安装刮水器盖板和刮水器	□ 正确使用组合工具 □ 若存在损伤，则需维修或更换相关部件 □ 活塞杆固定螺母的规定拧紧力矩是85N·m □ 减振器3颗固定螺栓的规定拧紧力矩是75N·m

续上表

步骤	操作方法及说明	质量标准及记录
3. 前减振器总成检查与装配		
4. 前转向节检查与安装	（1）前转向节检查： ①取出前下摆臂球头，检查前下摆臂球头防尘罩是否破损，球头是否有漏油痕迹，转动前下摆臂球头，检查转动是否灵活。 ②取出转向节，检查转向节是否有裂纹、锈蚀、变形等情况。 （2）前转向节安装。 （3）制动盘安装。 （4）半轴固定螺母安装	

四、评价反馈

评价反馈填写评价表（表4-13）。

评价表　　　　　　　　　　　　　　　　　　　　表4-13

评分项目	评分标准	分值（分）	得分
学习目标	能明确本任务的知识、技能、素养目标，理解任务在工作中的重要程度	5	
工作任务分析	能清晰描述本次工作任务内容	2	
	能清晰描述完成本次工作任务需具备的技能与知识点	2	
有效信息获取	能清晰描述悬架的分类	2	
	能清晰描述悬架的作用	2	
	能清晰说出悬架的结构	2	
	能掌握汽车常用悬架的应用	2	
实施方案制订	能清晰地制订并填写悬架检查与调整的准备作业计划	5	
	能组织或协同工作小组成员，明确本次任务所需仪器设备、工具、材料的准备与清点，并做好记录	5	
	能组织或协同工作小组成员交流，优化检查方案并记录	5	

续上表

评分项目	评分标准	分值(分)	得分
任务实施	能正确使用举升机,调整车辆状态	3	
	能正确对前转向节进行拆卸	3	
	能正确并妥善放置取下轮速传感器线束与制动油管	3	
	能正确对前减振器进行拆卸	3	
	能正确对前减振器进行分解	3	
	能妥善安置取下的前减振器总成	3	
	能正确对下摆臂进行拆卸	3	
	能正确对横向稳定杆进行拆卸	3	
	能正确按顺序拆卸前下摆臂	3	
	能正确安装横向稳定杆	3	
	能正确检查安装下摆臂	2	
	能正确装配前减振器总成	2	
	能正确检查安装前减振器	2	
	能正确检查安装前转向节	2	
	能正确对损伤部件进行更换	2	
	能正确对安装部件按规定力矩进行紧固	10	
任务评价	能通过本次任务实施,结合自己在实训过程中的表现,进行自我评价及自我反思并记录	5	
职业素养	按规定时间完成项目作业	2	
	遵守实训室管理规定、劳动纪律	2	
	积极参与课堂活动、回答问题	2	
	能够按时出勤	2	
思政要求	有正确的劳动态度,弘扬劳动精神、奋斗精神、奉献精神	5	
总计		100	

改进建议:

教师签字:
日期:

学习活动 4　车桥的检查与更换

一、明确任务

根据任务描述,经过路试和初步检查,怀疑故障是车桥损坏导致的,为了确定故障原因,需要对车桥进行检查与更换,使其恢复正常使用性能。

二、工作准备与计划制订

(一)知识准备

1. 车桥的作用

车桥(也称车轴)通过悬架与车架(或承载式车身)相连,两端安装车轮,它的作用是:

(1)传递车架(或承载式车身)和车轮之间各方向的作用力。

(2)承受作用力所形成的弯矩和转矩。

2. 车桥的分类

按悬架的结构形式分类,车桥可分为整体式车桥和断开式车桥两种。

(1)整体式车桥。

整体式车桥,犹如一个巨大的杠铃,其车桥的外壳为一刚性的整体,两端通过悬架与车架连接,因此整体式车桥通常与非独立悬架配合,如图 4-27 所示。

(2)断开式车桥。

断开式车桥,像两把雨伞插在车身两侧,其主减速器固定在车架上,驱动桥壳制成分段并用铰链连接,再各自通过悬架系统支撑车身,所以断开式车桥与独立悬架配用,如图 4-28 所示。

图 4-27　整体式车桥　　　　　　　　图 4-28　断开式车桥

根据驱动方式的不同,车桥也分成转向桥、驱动桥、转向驱动桥和支持桥四种,其

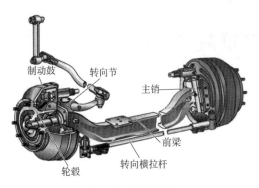

图4-29 转向桥结构

中转向桥和支持桥都属于从动桥。

（1）转向桥。

转向桥利用车桥中的转向节使车轮可以偏转一定角度，以实现汽车的转向，它除承受垂直载荷外，还承受纵向力和侧向力及这些力造成的力矩，转向桥由前梁、转向节、主销、轮毂等组成，如图4-29所示。

①前梁：前梁的断面一般是工字形，也称工字梁式转向桥。前轴在两端加粗的拳部有通孔，通过主销与转向节连接。中部下凹使发动机的位置降低，进而降低质心，扩展驾驶员视野，并减小传动轴与变速器输出轴之间的夹角。下凹部分两端的加宽平面，用以安装钢板弹簧。

②转向节：转向节是一个叉形件。上下两叉有安装主销的两个同轴孔，转向节轴径用来安装车轮。转向节上销孔的两耳通过主销与前梁两端的拳形部分连接，使前轮可以绕主销偏转一定的角度从而使汽车转向。

③主销：主销的作用是铰链前梁及转向节，使转向节绕着主销摆动以实现车轮转向。主销的中部切有凹槽，安装时用主销固定螺栓与其上面的凹槽配合，将主销固定在前轴的拳形孔中。主销与转向节上的销孔是动配合，以便实现转向。

（2）驱动桥。

驱动桥的作用是将发动机传出的驱动力传给驱动车轮，实现降速增矩的作用，同时改变动力传递的方向，如图4-30所示。

a) 降速增矩　　　　b) 改变动力传递方向　　　　c) 实现差速

图4-30 驱动桥功用

按照布置形式的不同驱动桥可分为整体式驱动桥和分断式驱动桥，两种形式的驱动桥主要部件相同，都包括主减速器、差速器、半轴、桥壳，如图4-31所示。

（3）转向驱动桥。

转向驱动桥结合转向桥与驱动桥功能于一体，既有承载和转向的作用，还能兼顾驱动的作用。它主要用于一些轿车与全驱动的汽车的前桥上，能实现车轮的转向和驱动，如图4-32所示。

目前大多数轿车均采用断开式、独立悬架转向驱动桥，它不仅具有驱动桥的主减速器、差速器和半轴，还包含转向臂、转向节、转向横拉杆、制动盘和车桥。

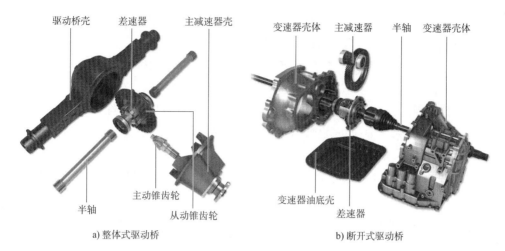

图 4-31 驱动桥组成

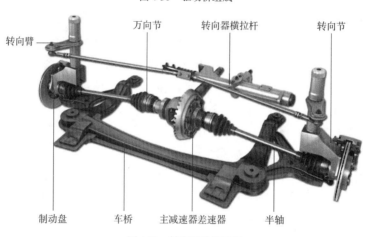

图 4-32 转向驱动桥结构

(4)支持桥。

既无转向功能也无驱动功能的车桥称为支持桥,支持桥也可分为整体式和断开式两种,如图 4-33 所示。

图 4-33 支持桥的分类

3.汽车车桥的故障分析与检修

(1)故障现象:汽车转向时,转动转向盘感到沉重费力,并且没有回正感。

故障原因:转向节臂变形,转向节止推轴承缺油或损坏,转向节主销与衬套间隙过小或缺油,前轴或车架变形引起前轮定位失准,轮胎气压不足。

诊断方法:诊断时先支起前桥,用手转动转向盘,若感到转向很容易,不再有转动困难的感觉,这说明故障部位在前桥与车轮。因为支起前桥后,转向时已不存在车轮与路面的摩擦阻力,而只是取决于转向器等的工作状况。此时应仔细检查前轮胎气压是否过低,前轴有无变形;同时也要考虑检查前钢板弹簧是否良好,车架有无变形;必要时,检查车轮定位角度是否正确。

(2) 故障现象:汽车低速直线行驶时前轮摇摆。转弯时大幅度转动转向盘,才能控制汽车的行驶方向。

故障原因:转向节臂装置松动,转向节主销与衬套磨损松旷,轮毂轴承间隙过大,前束过大。

诊断方法:前轮低速摆头和转向盘自由行程大,一般是各部分间隙过大或有连接松动现象造成的,可采用分段区分的方法进行检查。支起前桥,用手沿转向节轴轴向推拉前轮,凭感觉判断是否松旷。若松旷,说明转向节主销与衬套的配合间隙过大或前轴主销孔与主销配合间隙过大。若此处不松旷,说明前轮毂轴承松旷,应重新调整轴承的预紧度。若非上述原因,应检查前轮定位是否正确,检查前轴是否变形。如果前轮轮胎异常磨损,则应检查前束是否正确。

(3) 故障现象:在某一较高车速范围内出现摆振,导致行驶不稳,甚至还会造成转向盘抖动;随着车速的提高,摆振逐渐增大。

故障原因:轮毂轴承松旷,使车轮歪斜,在运行时摇摆;轮盘不正或制动鼓磨损过度失圆,歪斜失正;转向节主销或止推轴承磨损松旷;横、直拉杆弯曲;前轮定位值调整不当;前束失调,两前轮主销后倾角或内倾角不一致等,汽车向前行驶时,前轮摇摆晃动;车轮不平衡;转向节弯曲。

诊断方法:检查前桥、转向器以及转向传动机构连接是否松动,悬架弹簧是否固定可靠;支起驱动桥,用楔块固定非驱动轮,起动发动机并逐步换入高速挡,使驱动轮达到产生摆振的转速。若这时转向盘出现抖动,说明是传动轴不平衡引起的,应拆下传动轴进行检查;若此时不出现明显抖动,则说明摆振原因在汽车转向桥部分。怀疑摆振的原因在前桥部分时,应架起前桥试转车轮,检查车轮是否晃动,车轮静平衡是否良好,以及车轮轮辋是否偏摆过大;检查前轮定位是否正确;检查轮胎动平衡。

(4) 故障现象:汽车在直线行驶时必须紧握转向盘,方能保持直线行驶。若稍放松转向盘,汽车会自动偏向一边行驶。

故障原因:前轮定位值不正确,前束调整不当,过大或过小;左、右前轮主销后倾角或车轮外倾角不相等;制动鼓与制动蹄摩擦片间隙调整不均匀;转向节或转向节臂弯曲变形;前轴或车架弯曲或扭转;左右两边轮胎气压不相等;前轮毂轴承调整不当,左、右轮毂轴承松紧度不一致。

诊断方法:检查左、右前轮轮胎气压、规格以及轮胎花纹是否一致;用手触摸跑偏一侧的制动鼓和轮毂轴承部位是否发热,若发热,说明制动拖滞或是车轮轮毂轴承调整过紧,造成一边紧一边松的现象;测量左右轴距是否相等;检查转向节或转向节臂有无折断,前轴是否变形;若以上均属正常,应对前轮定位进行检查调整。

(二)制订工作方案

1. 任务分工(表4-14)

学生任务分配表   表4-14

班级		组号		指导老师	
组长		任务分工			
组员1		任务分工			
组员2		任务分工			
组员3		任务分工			
组员4		任务分工			
组员5		任务分工			
组员6		任务分工			

2. 工量具、仪器设备与耗材准备

(1)使用的工量具有:_____。

(2)使用的仪器设备有:_____。

(3)使用的耗材有:_____。

3. 具体方案描述

_____

_____

_____

_____

三 计划实施

课堂思政 >>>

汽车发展离不开技术的创新和时代的变革,从卡尔本茨发明的第一辆汽车,到现在普及的智能化汽车,都离不开创新精神。同学们在学习过程中,要做到不人云亦云,不墨守成规,坚持独立思考,不满足已有认识,不断追求新知,这样才会收获意想不到的进步。

(一)安全注意事项及技能要点

1. 安全注意事项

(1)使用举升机需检查车辆是否牢固。

(2)规范使用拆装工具等专用工具。

(3)拆装过程注意物品掉落,避免造成人员伤害。

2. 技能要点

(1)车桥相关部件的检查要点。

(2)针对任务中,客户反映行驶跑偏的现象,结合知识准备所学内容,重点对转向桥进行检查更换。

(3)车桥的拆装操作。

(4)拆装工具等专用工具的使用方法和规范。

(二)车桥的检查与更换

1. 转向桥的拆卸(表4-15)

转向节的拆卸操作方法及说明　　　　表4-15

步骤	操作方法及说明	质量标准及记录
1. 半轴固定螺母拆卸	(1)拆卸左右前车轮。 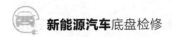 (2)使用冲凿拆卸半轴固定螺母自锁装置。 (3)两人配合操作,一人在车里踩住制动踏板,另一人使用组合工具预松半轴固定螺母,再使用组合工具拆卸半轴固定螺母	□正确使用举升机 □正确使用工具
2. 制动盘拆卸	(1)举升车辆至合适位置,并锁止举升机。 (2)取下制动卡钳弹簧片。 (3)使用组合工具拆卸制动卡钳支架2颗固定螺栓。取下制动卡钳总成,并妥善安置。 (4)取下制动盘,使用组合工具拆卸轮速传感器固定螺栓,将轮速传感器从安装孔中取出。	□拆卸制动卡钳支架固定螺栓、轮速传感器固定螺栓、制动油管支架固定螺栓时,所使用的套筒分别是18mm、10mm和13mm

续上表

步骤	操作方法及说明	质量标准及记录
2. 制动盘拆卸	（5）使用组合工具拆卸制动油管支架固定螺栓，以同样方法拆卸制动油管支架另一颗固定螺栓。 （6）拆卸轮速传感器线束与制动油管，并妥善放置	□拆卸前转向节时，使用到的专用工具是指针式扭力扳手和球头拆除器
3. 转向节拆卸	（1）使用尖嘴钳拆卸转向横拉杆球头开槽螺母开口销。 （2）使用组合工具预松并拆卸转向拉杆球头开槽螺母。 （3）使用球头拆除器将转向拉杆球头与转向节分离。 （4）使用组合工具预松并拆卸下摆臂与前下摆臂球头销的连接螺栓和螺母。 （5）使用组合工具预松并拆卸减振器与转向节连接螺栓和螺母。	□拆卸转向拉杆球头时，不要碰伤防尘罩，以免转向拉杆球头出现漏油 □正确并妥善放置取下的轮速传感器线束与制动油管

续上表

步骤	操作方法及说明	质量标准及记录
3. 转向节拆卸	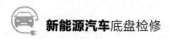 (6)将半轴从转向节中抽出,将转向节和前下摆臂球头销总成取出。使用尖嘴钳拆卸前下摆臂球头螺母开口销。 (7)使用组合工具预松并拆卸前下摆臂球头固定螺母。 (8)使用球头拆除器将前下摆臂球头与转向节分离	

2. 转向桥的检查与安装(表4-16)

转向桥的检查与安装操作方法及说明　　　　表4-16

步骤	操作方法及说明	质量标准及记录
1. 前梁的检修	(1)前梁的磨损检查:若钢板弹簧座平面磨损大于2mm,定位孔磨损大于1mm,堆焊后加工修复或更换新件。 主销承孔的磨损检查:承孔与主销的配合间隙,载货汽车不大于0.20mm。磨损超过极限,可采用镶套法修复。 (2)前梁的变形检查:角尺检验法。通过测量 a、b 值可以判断前轴是否弯曲和扭转变形	
2. 前转向节检查	(1)转向节轴磨损的检修。轴颈与轴承的配合间隙:轴颈直径不大于40mm时,配合间隙为0.040mm;轴颈直径大于40mm时,配合间隙为0.055mm。转向节轴颈磨损超标后应更换新件。 (2)转向节轴颈锁止螺纹的检验。损伤不多于2牙。锁止螺母只能用扳手拧入,若能用手拧入,说明螺纹中径磨损松旷,应予以修复或更换转向节。 (3)转向节上面的锥孔的检验。与转向节臂等杆件配合的锥孔的磨损,应使用塞尺进行检验,其接触面积不得小于70%,与锥孔配合的锥颈推力端面沉入锥孔的沉入量不得小于2mm。否则,更换转向节	□各部件的检查结果,若存在损伤,则需维修或更换相关部件

续上表

步骤	操作方法及说明	质量标准及记录
3. 前转向节安装	(1)将前下摆臂球头安装至转向节上,用手旋入开槽螺母。 (2)使用组合工具紧固前下摆臂球头开槽螺母。 (3)使用尖嘴钳安装新的开口销。 (4)将转向节与前下摆臂球头总成一同装入半轴上,将转向节与前减振器孔位对齐,装入连接螺栓。 (5)使用工具安装前减振器与转向节连接螺栓和螺母,组合工具紧固前减振器与转向节连接螺栓和螺母至规定拧紧力矩。 (6)将下摆臂总成与下摆臂球头对齐安装孔,装入螺栓和螺母。 (7)使用组合工具安装并紧固下摆臂总成和下摆臂球头的固定螺栓和螺母。 (8)将转向拉杆球头装入转向节上,旋入开槽螺母。 (9)使用组合工具安装并紧固转向拉杆球头开槽螺母	□ 正确使用组合工具 □ 前下摆臂球头开槽螺母的规定拧紧力矩是120N·m □ 前减振器与转向节连接螺栓和螺母的规定拧紧力矩是100N·m □ 下摆臂总成和下摆臂球头固定螺栓和螺母的规定拧紧力矩是120N·m □ 转向拉杆球头开槽螺母的规定拧紧力矩是50N·m
4. 制动盘安装	(1)将制动油管放置于合适位置,将轮速传感器线束固定至减振器上。 (2)将制动油管支架孔位与转向节孔位对齐,并用手旋入固定螺栓。 (3)使用组合工具安装制动油管支架固定螺栓,以同样方法安装制动油管支架另一颗固定螺栓。 (4)将轮速传感器装入安装孔内。 (5)使用组合工具安装轮速传感器固定螺栓。 (6)将制动盘放置于轮毂轴承上,使用十字螺丝刀安装制动盘2颗固定螺栓。	□ 制动卡钳支架固定螺栓的规定拧紧力矩是120N·m

续上表

步骤	操作方法及说明	质量标准及记录
4.制动盘安装	(7)将制动卡钳支架放置于制动盘上,并用手旋入固定螺栓。 (8)使用组合工具安装并紧固制动卡钳支架 2 颗固定螺栓。 (9)用手安装制动卡钳弹簧片。 (10)降下车辆至合适位置,并锁止举升机	
5.半轴固定螺母安装	(1)两人配合操作,一人在车里踩住制动踏板,另一人安装半轴固定螺母。 (2)使用组合工具安装半轴固定螺母,使用组合工具紧固半轴固定螺母至规定拧紧力矩。 (3)使用冲凿锁紧半轴固定螺母自锁装置。 (4)安装左右前车轮	□半轴固定螺母的规定拧紧力矩是 230N·m

四 评价反馈

评价反馈填写评价表(表4-17)。

评价表   表4-17

评分项目	评分标准	分值(分)	得分
学习目标	能明确本任务的知识、技能、素养目标,理解任务在工作中的重要程度	5	
工作任务分析	能清晰描述本次工作任务内容	3	
	能清晰描述完成本次工作任务需具备的技能与知识点	3	

续上表

评分项目	评分标准	分值(分)	得分
有效信息获取	能清晰描述车桥的分类	2	
	能清晰描述车桥的作用	2	
	能清晰说出车桥的结构	2	
	能掌握汽车常用车桥的应用	2	
实施方案制订	能清晰地制订并填写悬架检查与调整的准备作业计划	5	
	能组织或协同工作小组成员,明确本次任务所需仪器设备、工具、材料的准备与清点,并做好记录	5	
	能组织或协同工作小组成员交流,优化检查方案并记录	5	
任务实施	能正确使用举升机,调整车辆状态	2	
	能正确对制动卡钳进行拆卸	3	
	能正确对制动盘进行拆卸	3	
	能正确对半轴固定螺母进行拆卸	3	
	能正确对横拉杆进行拆卸	3	
	能正确对半轴进行拆卸	3	
	能正确对转向节进行拆卸	3	
	能正确对下摆臂进行拆卸	3	
	能正确对横向稳定杆进行拆卸	3	
	能正确按顺序拆卸前下摆臂	3	
	能正确对前梁进行检查	3	
	能正确对转向节进行检查	2	
	能正确安装转向节	2	
	能正确检查安装制动盘、制动钳	2	
	能正确检查安装半轴固定螺母	2	
	能正确对损伤部件进行更换	2	
	能正确对安装部件规定力矩进行紧固	8	
任务评价	能通过本次任务实施,结合自己在实训过程中的表现,进行自我评价及自我反思并记录	3	
职业素养	按规定时间完成项目作业	2	
	遵守实训室管理规定、劳动纪律	2	
	积极参与课堂活动、回答问题	2	
	能够按时出勤	2	
思政要求	有正确的劳动态度,弘扬劳动精神、奋斗精神、奉献精神	5	

续上表

评分项目	评分标准	分值(分)	得分
	总计	100	

改进建议：

教师签字：
日期：

习题

一、单选题

1. 轮胎应当定期做动平衡检查,用(　　)检查。
   A. 静平衡检测仪　　B. 动平衡检测仪　　C. 扒胎机　　　　D. 测功机

2. 7.0-20 型轮辋的名义直径是(　　)。
   A. 7.0mm　　　　B. 20mm　　　　C. 7.0 英寸　　　D. 20 英寸

3. 有内胎的充气轮胎由(　　)等组成。
   A. 内胎　　　　B. 外胎　　　　C. 轮辋　　　　D. 垫带

4. 在使用气动枪拆卸轮胎时(　　)。
   A. 应该选用专用的六角套筒　　　B. 应该选用普通的六角套筒
   C. 应该选用专用的十二角套筒　　D. 管道内的气压应达到 15Bar 以上

5. 桑塔纳轿车一级维护轮胎花纹深度极限应大于(　　)mm。
   A. 1　　　　B. 2　　　　C. 3　　　　D. 0.5

6. 对轮胎磨损影响最大的因素是(　　)。
   A. 主销后倾角　　　　　　　　B. 推力角
   C. 车轮前束　　　　　　　　　D. 转向轴线内倾角

7. 一般轿车的车轮螺栓拧紧力矩为(　　)N·m。
   A. 10　　　　B. 110　　　　C. 50　　　　D. 90

8. 在检查汽车的车轮螺栓时(　　)。
   A. 目测就能判断螺栓是否紧固
   B. 应该用扭力扳手检查判断螺栓是否紧固
   C. 用脚踢就能判断螺栓是否紧固
   D. 用手摸就能判断螺栓是否紧固

9. 子午线轮胎换位一般要求(　　)。
   A. 前后换位　　B. 左右换位　　C. 对角换位　　D. 任意换位

10. 以下说法错误的是(　　)。

A. 子午线轮胎换位一般要求前后换位

B. 子午线轮胎要求换位不改变轮胎的旋转方向

C. 一般要求子午线轮胎不能左右换位

D. 子午线轮胎可以任意换位

11. 关于轮胎的制造日期,如在胎侧标示为"1109",下列生产日期说法正确的是( )。

  A. 09 年 12 周 B. 09 年 11 周 C. 12 年 8 月 D. 12 年第 8 周

12. 车轮前束是为了调整( )所带来的不良后果而设置的。

  A. 主销后倾角   B. 主销内倾角

  C. 车轮外倾角   D. 车轮内倾角

13. ( )具有保证车辆自动回正的作用。

  A. 主销后倾角   B. 主销内倾角

  C. 车轮外倾角   D. 前轮前束

14. 主销内倾角的作用除了使车轮自动回正外,另一作用是( )。

  A. 使转向操纵轻便   B. 减少轮胎磨损

  C. 形成车轮回正的稳定力矩 D. 提高车轮工作的安全性

15. 主销后倾角过大会造成( )。

  A. 转向轻便 B. 转向跑偏 C. 转向沉重 D. 转向不稳

16. 负值的外频角有助于提高( )。

  A. 高速行驶稳定性   B. 转向自动回正能力

  C. 转向轻便   D. 较小机件磨损

17. 四轮定位过程中,前轮必须处于四轮定位仪( )。

  A. 转角盘中心   B. 转角盘前段

  C. 转角盘后端   D. 前后均可

18. 安装检测标靶时,检测标靶与车轮的位置必须( )。

  A. 水平 B. 铅垂 C. 左倾斜 D. 右倾斜

19. ( )本身的刚度是可变的。

  A. 钢板弹簧 B. 油气弹簧 C. 扭杆弹簧 D. 气体弹簧

20. 安装( )可使悬架的刚度成为可变的。

  A. 渐变刚度的钢板弹簧 B. 等螺距的螺旋弹簧

  C. 变螺距的螺旋弹簧   D. 扭杆弹簧

21. ( )悬架是车轮沿主销移动的悬架。

  A. 双横臂式 B. 双纵臂式 C. 烛式 D. 麦弗逊式

22. ( )悬架是车轮沿摆动的主销轴线上下移动的悬架。

  A. 双横臂式 B. 双纵臂式 C. 烛式 D. 麦弗逊式

23. 轿车通常采用( )悬架。

A. 独立　　　　B. 非独立　　　　C. 平衡　　　　D. 非平衡

24. 独立悬架与( )车桥配合。
    A. 渐变刚度的钢板弹簧　　　　B. 等螺距的螺旋弹簧
    C. 变螺距的螺旋弹簧　　　　　D. 扭杆弹簧

25. 一般载货汽车的悬架未设( )。
    A. 弹性元件　　B. 减振器　　C. 导向机构　　D. 扭杆弹簧

26. 非独立悬架两侧车轮由一根整体式车桥相连,车轮和车桥一起通过弹性元件连接在( )下面。
    A. 万向节　　　B. 传动系统　　C. 车架　　　　D. 传动轴

27. 独立悬架车桥都做成断开式的,每边车轮均用( )单独地连接在车架下面。
    A. 钢板弹簧　　B. 减振器　　　C. 螺旋弹簧　　D. 离合器

28. 汽车使用的弹簧种类有( )。
    A. 钢板弹簧　　B. 扭杆弹簧　　C. 螺旋弹簧　　D. 以上各项都是

29. 悬架弹性元件起( )作用。
    A. 减振　　　　B. 导向　　　　C. 散热　　　　D. 缓冲

30. 采用非独立悬架的汽车,其车桥一般是( )。
    A. 断开式　　　B. 整体式　　　C. A、B均可　　D. A、B均不是

31. 转向驱动桥的转向节轴颈制成中空,以便( )从中穿过。
    A. 内半轴　　　B. 外半轴　　　C. 主销上段　　D. 主销下段

32. 越野汽车的前桥属于( )。
    A. 转向桥　　　B. 驱动桥　　　C. 转向驱动桥　D. 支持桥

33. 采用断开式车桥,发动机总成的位置可以降低和前移,使汽车重心下降,提高了汽车行驶的( )。
    A. 动力性　　　B. 通过性　　　C. 平顺性　　　D. 操纵性

二、判断题

1. 汽车两侧车轮辐板的固定螺栓一般都采用右旋螺纹。　　　　　　　　(　　)
2. 普通斜交胎的帘布层数越多,强度越大,但弹性越差。　　　　　　　(　　)
3. 子午线轮胎帘布层帘线的排列方向与轮胎的子午断面一致,使其强度提高,但轮胎的弹性有所下降。　　　　　　　　　　　　　　　　　　　　　　(　　)
4. 车轮不平衡可能引起汽车行驶时过分的振动。　　　　　　　　　　　(　　)
5. 当车辆在举升机上升起时测量轮胎压力是不规范的。　　　　　　　　(　　)
6. 轿车的车轮螺栓拧紧力矩为10N·m。　　　　　　　　　　　　　　(　　)
7. 无论何种车型,一般主销后倾角均是不可调的。　　　　　　　　　　(　　)
8. 主销后倾角一定都是正值。　　　　　　　　　　　　　　　　　　　(　　)
9. 车轮外倾角一定大于零。　　　　　　　　　　　　　　　　　　　　(　　)
10. 前轮前束的调整,由调整转向节臂来保证的。　　　　　　　　　　 (　　)

11. 主销内倾角的车轮自动回正作用与车速密切相关。（　　）
12. 车轮外倾的作用在于增强前轮工作安全性和转向轻便性，使前轮自动回正。（　　）
13. 当悬架刚度一定时，簧载质量越大，则悬架的垂直变形越大，固有频率越高。（　　）
14. 在悬架所受的垂直载荷一定时，悬架刚度越小，则悬架的垂直变速越小，汽车的固有频率越低。（　　）
15. 扭杆弹簧本身的扭转刚度是可变的，所以采用扭杆弹簧的悬架刚度也是可变的。（　　）
16. 减振器与弹性元件是串联安装的。（　　）
17. 减振器在汽车行驶中变热是不正常的。（　　）
18. 减振器在伸张行程时，阻力应尽可能小，以充分发挥弹性元件的缓冲作用。（　　）
19. 一般载货车汽车的悬架未设导向装置。（　　）
20. 悬架的减振器仅起缓冲作用。（　　）
21. 非独立悬架的汽车当一侧车轮因路面不平而跳动时，另一侧车轮不会受影响。（　　）
22. 汽车悬架是弹性连接车桥和车架的传力装置。（　　）
23. 一般载货汽车的前桥是转向桥，后桥是驱动桥。（　　）
24. 兼起转向和驱动作用的前桥称为转向驱动桥。（　　）
25. 整体式转向桥主要由前轴、转向节、车轮组成。（　　）
26. 车桥的作用是传递车架（或承载式车身）和车轮之间各方向的作用力，并承受作用力所形成的弯矩和转矩。（　　）
27. 按悬架结构形式分类，车桥分为整体式车桥和断开式车桥。（　　）
28. 转向桥的作用是将发动机传出的驱动力传给驱动车轮，实现降速增矩的作用，同时改变动力传递的方向。（　　）

三、简答题

1. 简述车轮总成的组成及功用。
2. 简述车轮的功用及其构造。
3. 简述充气轮胎的结构组成。
4. 举例说明轮胎规格的表示方法。
5. 以轮胎的规格 195/60 R 14 85 H 为例说明各项含义。
6. 轮胎气压过高、过低会引起哪些不良后果？
7. 常见的轮胎故障有哪些？
8. 什么是转向轮定位？
9. 转向轮定位的内容及作用有哪些？

10. 什么时候需要做四轮定位？
11. 说明悬架的组成及其功用。
12. 与非独立悬架相比，独立悬架有哪些优点？
13. 常见的非独立悬架有哪些？举例说明其典型应用。
14. 常见的独立悬架有哪些类型？举例说明其典型应用。
15. 简述车桥的作用及类型。
16. 转向驱动桥与转向桥在结构上有什么区别？

本教材配套数字资源列表

序号	资源名称	资源类型	所在页码
1	永磁同步电动机结构	动画	4
2	比亚迪 e5 驱动电机分解与组装 01	视频	7
3	比亚迪 e5 驱动电机分解与组装 02	视频	7
4	纯电动汽车减速器工作原理	动画	36
5	纯电动汽车制动踏板位置传感器工作原理	动画	81
6	北汽 EV160 更换制动液	视频	104
7	比亚迪秦更换制动液	视频	104

参考文献

[1] 陈晓东,李晓东,王晓峰.新能源汽车电子助力刹车系统的原理与应用[J].汽车技术,2017(8):12-16.

[2] 包丕利.新能源汽车维护与保养[M].北京:机械工业出版社,2018.

[3] 孙晓东,李晓东,王晓峰.新能源汽车制动能量回收系统的控制策略研究[J].汽车工程,2018(10):1145-1150.

[4] 王旭斌,王顺利.新能源汽车底盘构造与维修[M].北京:高等教育出版社,2019.

[5] 王磊,张晓峰,李军.新能源汽车刹车片的磨损机理与寿命预测[J].摩擦学学报,2019(6):717-724.

[6] 李志强,刘晓辉,王晓峰.新能源汽车盘式制动器的拆装与检测[J].汽车维修,2020(12):23-26.

[7] 扈佩令,江于飞,陈友强.纯电动汽车构造与检修[M].上海:华东师范大学出版社,2021.

[8] 祖国海.汽车底盘构造与维修[M].北京:中国劳动社会保障出版社,2021.

[9] 张宏伟,李晓东,王晓峰.新能源汽车制动系统的设计与分析[J].汽车技术,2021(4):1-5.

[10] 敖亚.祝倩倩.新能源汽车底盘系统检修[M].北京:机械工业出版社,2022.

[11] 王会,邓宏业.新能源汽车控制系统及检修[M].北京:机械工业出版社,2023.

[12] 王鸿波,谢敬.新能源汽车构造与检修[M].北京:机械工业出版社,2023.

[13] 郭化超,邸玉峰.新能源汽车驱动电机及控制技术[M].北京:机械工业出版社,2023.

[14] 谢金红,毛平.新能源汽车底盘检修[M].北京:人民交通出版社股份有限公司,2023.

[15] 王芳,雷琼红.汽车底盘构造与维修[M].北京:机械工业出版社,2023.

[16] 胡胜,徐炬,张体龙.汽车底盘构造与维修[M].2版.北京:机械工业出版社,2023.